OS FORNOS DE HITLER

OLGA LENGYEL

OS FORNOS DE HITLER

Tradução
Celina Portocarrero e
Thereza Christina Motta

CRÍTICA

Copyright © Ziff-Davis Publishing Co., 1947
Copyright © Editora Planeta do Brasil, 2018
Todos os direitos reservados.
Título original: *Hitler's ovens*

Preparação: Ana Tereza Clemente
Revisão: Juliana de A. Rodrigues e Carmen T. S. Costa
Diagramação: Triall Editorial
Capa: André Stefanini

Dados Internacionais de Catalogação na Publicação (CIP)
Angélica Ilacqua CRB-8/7057

> Lengyel, Olga
>   Os fornos de Hitler / Olga Lengyel ; tradução de Celina Portocarrero, Thereza Christina Motta. – São Paulo: Planeta do Brasil, 2018.
>   240 p.
>
> ISBN: 978-85-422-1428-4
> Título original: Hitler's ovens
>
> 1. Lengyel, Olga, 1908-2001 - Autobiografia 2. Auschwitz (Campo de concentração) 2. Holocausto judeu (1939-1945) 3. Segunda Guerra, 1939-1945 – Judeus – Narrativas pessoais 4. Sobreviventes do Holocausto – memórias autobiográficas I. Título II. Portocarrero, Celina III. Motta, Thereza Christina
>
> 18-1470   CDD 940.5318092

Índices para catálogo sistemático:
1. Holocausto judeu (1939-1945) - Narrativas pessoais

 Ao escolher este livro, você está apoiando o manejo responsável das florestas do mundo

2022
Todos os direitos desta edição reservados à
Editora Planeta do Brasil Ltda.
Rua Bela Cintra, 986 – 4o andar – Consolação
São Paulo-SP – 01415-002
www.planetadelivros.com.br
faleconosco@editoraplaneta.com.br

*Dedicado à memória dos meus pais e meu marido,
meu padrinho, meus filhos e meus companheiros
dos campos de concentração de Hitler
durante a Segunda Guerra Mundial que,
silenciados para sempre,
estão praticamente esquecidos.*
– 1959 –

De uma carta de Albert Einstein para Olga Lengyel:

Obrigado pelo seu livro muito honesto e muito bem escrito. Você prestou um belo serviço ao dar voz àqueles que hoje estão em silêncio e praticamente esquecidos.
Com meus melhores votos,

A. Einstein

SUMÁRIO

1. Oito cavalos – ou 96 homens, mulheres e crianças 11
2. A chegada 23
3. Barracão 26 35
4. Primeiras impressões 39
5. Chamada e "seleções" 49
6. O campo 55
7. Uma proposta em Auschwitz 61
8. Sou condenada à morte 67
9. A enfermaria 71
10. Uma nova razão para viver 81
11. "Canadá" 93
12. O necrotério 99
13. O "anjo da morte" *versus* o "grande selecionador" 107
14. "Organização" 113
15. Nascimentos malditos 117
16. Pequenos detalhes da vida por trás do arame farpado 121
17. Os métodos e as suas loucuras 133
18. Nossas vidas pessoais 149
19. As bestas de Auschwitz 157
20. A Resistência 171
21. "Paris foi libertada" 181
22. Experiências científicas 189
23. Amor à sombra do crematório 199

24. No caminhão da morte... 209
25. Diante do desconhecido 213
26. Liberdade 219
27. Ainda tenho fé.. 229

Glossário 235

1

OITO CAVALOS – OU 96 HOMENS, MULHERES E CRIANÇAS

Mea-culpa, minha culpa, mea maxima culpa! Não sou capaz de me absolver da acusação de que fui, em parte, responsável pela morte dos meus pais e dos meus dois filhinhos. O mundo compreende que eu não poderia ter adivinhado, mas, em meu coração, persiste o terrível sentimento de que eu poderia, de que eu deveria, tê-los salvado.

Estávamos em 1944, quase cinco anos após Hitler ter invadido a Polônia. A Gestapo dava ordens por toda parte e a Alemanha engordava com o saque do continente, pois dois terços da Europa estavam sob as garras do Terceiro Reich. Vivíamos em Cluj,[1] uma cidade de 100 mil habitantes, capital da Transilvânia. Pertencera antes à Romênia, mas a Arbitragem de Viena de 1940[2] a transferiu para a Hungria, também um dos países satélites da Nova Ordem. Os

---

1. Era assim que os alemães chamavam a cidade de Klausenburg; os húngaros, que a governavam antes de 1918, conheciam-na como Kolozsaur.
2. A Segunda Arbitragem de Viena consistiu em um acordo territorial através da mediação e pressão da Alemanha nazista e da Itália fascista, em 30/08/1940, entre Hungria e Romênia, que reassegurou a posse do território do norte da Transilvânia, da Romênia para a Hungria, como resultado do Tratado de Trianon no pós-Primeira Guerra Mundial, sancionado em 1920, e que despojou a Hungria de cerca de 70% do seu território. (N.T.)

alemães eram os senhores naquele tempo e, embora ninguém ousasse alimentar a esperança, sentíamos que – não, rezávamos para que – o dia do acerto de contas não demorava a chegar. Enquanto isso, tentávamos sufocar nossos medos e seguir com as tarefas diárias, evitando, sempre que possível, qualquer contato com eles. Sabíamos que estávamos à mercê de homens – e também de mulheres, como descobrimos depois – implacáveis, mas ninguém poderia nos fazer acreditar quão verdadeiramente impiedosos eles eram.

Meu marido, Miklos Lengyel, era diretor de seu próprio hospital, a Clínica do Dr. Lengyel, uma moderna instituição de dois andares e setenta leitos, que havíamos construído em 1937. Ele se formou em Berlim, onde dedicou muito tempo a clínicas de caridade. Agora se especializara em cirurgia geral e ginecologia. Extremamente habilidoso e dedicado à sua ciência, era muitíssimo respeitado. Não era um homem político, embora compreendesse muito bem que estávamos em meio a um turbilhão e corríamos um perigo constante. Não tinha tempo para outras ocupações. Com frequência, atendia 120 pacientes em um só dia e ficava em cirurgia até altas horas da madrugada. Mas Cluj era uma comunidade próspera, e nos orgulhávamos de dirigir um de seus principais hospitais.

Eu também me dedicava à medicina. Cursara a Universidade de Cluj e me qualificara para ser a primeira assistente cirúrgica de meu marido. Na verdade, eu o ajudara a concluir o novo hospital, levando para o seu interior o amor feminino pelas cores e, assim, decorando as instalações de acordo com a última moda. Entretanto, mesmo tendo uma carreira, sentia maior orgulho de minha pequena família, pois tínhamos dois filhos, Thomas e Arvad. Ninguém, eu acreditava, poderia ser mais feliz do que nós. Meus pais viviam conosco, bem como meu padrinho, o professor Elfer Aladar, famoso clínico-geral que fazia pesquisas sobre câncer.

Os primeiros anos da guerra foram relativamente calmos para nós, embora ouvíssemos, com pavor, os intermináveis relatos das vitórias do Reichswehr.[3] Enquanto os alemães devastavam cada vez

---

3. O conjunto das forças armadas alemãs, entre 1919 e 1935, posteriormente rebatizadas de Wehrmacht. (N.T.)

mais territórios, reduzia-se o número de médicos e, sobretudo, de cirurgiões competentes a serviço da população civil. Meu marido, embora fosse prudente e bastante circunspecto, não se esforçou para ocultar a esperança de que a causa da humanidade não fosse de todo vencida. Naturalmente, só falava com liberdade entre pessoas de confiança, mas almas corruptíveis espreitavam em todos os círculos, e nunca se sabia quem seria o próximo informante. No entanto, as autoridades em Cluj o deixavam em paz.

No inverno de 1939, tivemos uma ideia do que acontecia em terras ocupadas pelos nazistas. Nessa ocasião, demos abrigo a inúmeros refugiados poloneses que haviam fugido de suas casas depois que seus exércitos foram cercados. Escutávamos, nos solidarizávamos com eles e prestávamos ajuda. Não conseguíamos, porém, dar crédito a tudo o que ouvíamos. Aquelas pessoas estavam exaustas e preocupadas, poderiam estar exagerando.

Até 1943, chegavam-nos notícias aterradoras das atrocidades cometidas nos campos de concentração na Alemanha. Mas, como muitos dos que hoje leem a respeito, não conseguíamos acreditar em histórias tão horríveis. Ainda víamos a Alemanha como uma nação que dera muita cultura ao mundo. Se aqueles relatos fossem verdadeiros, os atos vergonhosos deviam ser obra de um punhado de loucos; aquela não poderia ser a política nacional, nem fazer parte de um plano visando ao domínio global. Quão pouco compreendíamos!

Mesmo quando um major alemão da Wehrmacht, que se alojou em nossa casa, nos falou da névoa de terror que seu país lançara sobre a Europa, não conseguimos aceitar. Não se tratava de um ignorante, por isso me convenci de que quisesse nos assustar. Tentávamos viver sem muito contato com ele, até que certa noite ele pediu para se juntar a nós. Parecia só querer conversar, mas quanto mais falava, mais amargura vertia. Por toda parte, declarou, as pessoas subjugadas o encaravam com olhos cheios de ódio. E de sua família, em casa, só recebia queixas de que não enviava dinheiro suficiente! Outros soldados rasos e oficiais mandavam para casa muito mais joias, roupas, objetos de arte e alimentos.

Fui obrigada a ouvir. O que me impressionou foi a profunda aversão por si mesmo, manifesta quando descreveu suas tropas marchando em estradas flanqueadas por corpos balançando nas forcas. Eu poderia jurar que ele estava louco ou bêbado, mesmo não sendo o caso. Ele nos falou sobre furgões motorizados construídos expressamente para envenenar os prisioneiros com gás. Falou de grandes campos dedicados exclusivamente ao extermínio de minorias civis, aos milhares. Eu me arrepiei. Como alguém poderia crer em histórias tão fantásticas?

Tivemos algumas experiências alarmantes em Cluj e, ao refletir agora, sei que qualquer uma delas deveria ter sido considerada um aviso. A mais grave ocorreu no início de 1944. Um dia, meu marido foi chamado à delegacia de polícia para interrogatório pela temida SS. Estava sendo acusado, especificamente, de boicotar o uso de preparações farmacêuticas alemãs em sua clínica.

Representantes da empresa alemã Bayer, muitos dos quais eram, secretamente, membros da SS, moviam-se com liberdade pela Transilvânia em benefício próprio, visando a uma expansão maior da empresa. Haviam montado uma rede de espionagem, e um homem, dono de um grande hospital e com possibilidade de não ser amigo do Terceiro Reich, seria um alvo fácil.

Por sorte, o dr. Lengyel foi capaz de apresentar uma explicação plausível, e a SS o liberou. Em conversa privada, concordamos que o interrogatório fora fruto de uma denúncia. Chegamos mesmo a ter certeza de que fora um colega invejoso responsável por aquilo.

Esse episódio deveria nos ter preparado para o que aconteceria depois. Mas não podíamos imaginar com que astúcia os senhores alemães elaboravam seus planos. Eles lançavam mão de muitas armadilhas, mas queriam obter uma grande recompensa pelo trabalho executado.

Na primeira semana de maio, o dr. Lengyel foi mais uma vez intimado a comparecer à delegacia de polícia. Fiquei apreensiva no instante em que ele saiu da clínica. Como demorou a voltar, fui perguntar por ele. Como se estivesse num sonho, recebi a notícia de que ele seria deportado para a Alemanha *imediatamente*.

Desesperada, busquei mais informações. Tudo o que consegui apurar foi que seria mandado para lá de trem dentro de uma hora.

Naquele momento, o que passou pela minha cabeça foi que meu marido era um cirurgião renomado. Havia, sem dúvida, escassez de médicos na Alemanha. Ele seria colocado para trabalhar em algum hospital, ou em uma clínica metropolitana. Perguntei onde, e só obtive como resposta um encolher de ombros. Indaguei se as autoridades permitiriam que eu o acompanhasse. O oficial da SS declarou, com brandura, que não se oporia. Se eu quisesse ir, seria bem acolhida. Insinuaram até que não havia o que temer. Assim, com poucas palavrinhas, me acalmaram, e até me incentivaram.

Tomei uma decisão no mesmo instante. Enfrentaríamos dificuldades, a vida agradável que tínhamos poderia deixar de existir por alguns anos, mas a separação seria ainda pior. A guerra poderia durar meses, anos. As linhas de frente estavam sempre mudando, e poderíamos ficar isolados um do outro para sempre. Se fôssemos juntos, teríamos ao menos a certeza de um destino comum. No futuro, bem como no passado, meu lugar era ao lado do meu marido.

Como se mostrou fatal aquele movimento que fiz com tanta determinação! Porque, antes de decorrer uma hora, eu seria a autora da desgraça dos meus pais e também dos meus filhos. Porque meus pais tentaram me convencer a ficar.

"Afinal", contemporizou meu pai, que fora diretor de minas de carvão na Transilvânia, "se seu marido fosse chamado para as fileiras como soldado, decerto você não poderia acompanhá-lo."

Insisti. Afinal, não tínhamos recebido garantias de um oficial alemão de que não havia perigo?

Não tínhamos tempo para discussões. A hora estava quase esgotada. Ao ver que não me dissuadiriam, meus pais decidiram nos acompanhar. E, é claro, não poderíamos deixar as duas crianças para trás. Às pressas, colocamos numa valise alguns objetos de valor e os habituais artigos de viagem, chamamos um táxi e corremos ao encontro do meu marido. Ele estava detido na prisão municipal.

Não fazíamos ideia da traição de que fôramos vítimas até estarmos todos reunidos na plataforma da estação ferroviária. Descobrimos, então, que inúmeros vizinhos e amigos também estavam ali. Muitos outros tinham sido presos da mesma maneira e as famílias foram encorajadas a acompanhá-los. Ainda não parecia por demais alarmante. Os alemães eram criteriosos. Aplicaram a mesma técnica. Por quê? Estávamos confusos, perplexos, com o coração pesado, mas não havia a quem perguntar. De repente, soubemos que toda a estação estava cercada por centenas de soldados. Alguém expressou a vontade de voltar atrás, mas a falange de sentinelas mal-encarados tornava isso impossível. Agarramos nossas mãos, e tentamos nos manter calmos, pelo bem das crianças.

Pairava um ar de pesadelo. Nos trilhos, um trem interminável aguardava. Nenhum carro de passageiros e, sim, vagões de gado, cada um abarrotado com candidatos à deportação. Nós olhávamos para eles. As pessoas, amedrontadas, chamavam-se pelos nomes. Placas nos vagões indicavam os lugares de origem: Hungria, Iugoslávia, Romênia – só Deus sabia de onde teria partido aquele trem.

Protestar era inútil. Chegara a nossa vez. Os soldados começaram a se aproximar e a nos empurrar. Fomos tangidos como ovelhas e constrangidos a entrar num vagão de gado vazio. Só tentamos nos manter juntos, enquanto estávamos sendo embarcados. Então, a única porta se fechou atrás de nós. Não lembro se choramos ou gritamos. O trem se pôs a caminho.

Noventa e seis pessoas se amontoavam em nosso vagão, incluindo várias crianças espremidas entre as malas – a mísera e parca bagagem que só continha o que fosse mais precioso ou útil. Noventa e seis homens, mulheres e crianças, num espaço que acomodaria apenas oito cavalos. E isso não era o pior.

Estávamos tão apinhados que a metade não podia se sentar. Comprimidos, meu marido, meu filho mais velho e eu, ficamos de pé, para dar espaço ao meu pai. Ele fora submetido a uma cirurgia grave pouco tempo antes e precisava descansar.

Após a primeira e segunda hora, percebemos que os mais simples detalhes existenciais seriam extremamente complicados. Instalações sanitárias estavam fora de questão. Por sorte, várias mães tiveram a boa ideia de trazer urinóis para os pequenos. Com um lençol fazendo as vezes de cortina, isolamos um dos cantos do vagão. Podíamos esvaziar os urinóis pela única janela estreita, mas não tínhamos água para lavá-los. Pedimos ajuda, mas não houve resposta. O trem avançava – rumo ao desconhecido.

Enquanto o dia sem fim se arrastava, o vagão ia aos solavancos, e todas as forças da natureza conspiravam contra nós. Um sol tórrido aquecia as paredes, até o ar se tornar sufocante. O interior estava praticamente escuro, pois a luz do dia, que se filtrava através da minúscula janela, somente iluminava aquele canto. Passado algum tempo, concluímos que seria melhor assim. O cenário tornava-se cada vez menos atraente.

Os viajantes eram, na maioria, pessoas cultas e de bom nível em nossa comunidade. Muitos eram médicos judeus, ou profissionais liberais, que levavam junto membros de suas famílias. No início, todos tentaram, apesar do terror em comum, ser corteses e solícitos. Mas, à medida que as horas se arrastavam, o verniz da polidez foi trincando. Logo houve incidentes e, mais tarde, sérias discussões. Assim, pouco a pouco, a atmosfera se envenenava. As crianças choravam, os doentes gemiam, os velhos se lamentavam. E até mesmo aqueles que, como eu, estavam em perfeitas condições de saúde começaram a prestar atenção em seu próprio desconforto. A viagem era incrivelmente sombria e mórbida e, embora o mesmo pudesse ser dito sobre os demais compartimentos do trem e, na verdade, dos incontáveis trens vindos de todos os cantos da Europa – França, Itália, Bélgica, Holanda, Polônia, Ucrânia, Bálcãs e países do mar Báltico – movendo-se em direção ao mesmo destino desumano, só sabíamos dos nossos próprios problemas.

Logo a situação se tornou intolerável. Homens, mulheres e crianças, histéricos, disputavam cada centímetro quadrado. Quando caiu a noite, perdemos qualquer noção de comportamento humano, e as brigas aumentaram até o vagão se transformar num pandemônio.

Por fim, prevaleceram as cabeças mais frias, e restaurou-se uma aparência de ordem. Um médico e eu fomos escolhidos como os responsáveis pelo controle da situação. Nossa tarefa era hercúlea: manter a mais elementar disciplina e higiene, cuidar dos doentes, acalmar quem estivesse agitado e tranquilizar os que tinham enlouquecido. Acima de tudo, era nosso dever manter alto o moral do grupo, tarefa absolutamente impossível, porque estávamos nós mesmos à beira do desespero.

Mil problemas práticos precisavam ser solucionados. A questão da comida era insuportável. Os guardas não tinham nos dado nada e as magras provisões que trazíamos começaram a acabar. Era o terceiro dia. Meu coração pulsava na garganta. Já três dias! Quanto tempo mais? E para onde estávamos sendo levados? O pior de tudo era saber que muitos dos nossos companheiros haviam escondido parte da comida. Ingênuos, acreditavam que seriam postos para trabalhar quando chegássemos ao nosso destino e que precisariam do que tinham para complementar as rações regulares. Por sorte, nossa desgraça abrandava nosso apetite. Mas observávamos uma rápida deterioração na saúde geral do grupo. Os que estavam fracos ou enfermos no início agora sofriam, e mesmo os sadios começavam a enfraquecer.

A cabeça de um guarda da SS apareceu na janela. Sua pistola Luger fez um gesto ameaçador. "Trinta relógios de pulso, agora mesmo. Senão, podem se considerar mortos!"

Ele veio coletar sua primeira "taxa" alemã, e fomos obrigados a lhe entregar objetos de valor em número suficiente para atendê-lo. Foi assim que meu pequeno Thomas precisou se separar do relógio que lhe havíamos dado quando passou para a terceira série do colégio.

"Suas canetas-tinteiro e suas pastas!"

Outra "taxa".

"Suas joias, e nós lhe daremos um balde de água fresca."

Um balde de água para noventa e seis seres humanos, dos quais trinta eram crianças pequenas. Aquilo significava apenas algumas gotas para cada um, mas seriam as primeiras em 24 horas.

"Água, água!", gemeram os doentes, quando o balde foi baixado.

Olhei para Thomas, meu filho caçula. Ele olhava fixo para a água. Como seus lábios estavam secos! Ele se virou e fixou os olhos nos meus. Ele, também, compreendia nosso dilema. Engoliu a saliva, e nada pediu. Não recebeu nada para beber, porque muitos precisavam mais do que ele daquelas preciosas gotas. Sofri por ele, mas também me orgulhei por sua resistência.

Tínhamos agora mais doentes em nosso vagão. Duas pessoas eram atormentadas por úlceras no estômago. Outras duas haviam sido atingidas por erisipela. Muitos estavam sendo torturados por disenteria.

Três crianças estavam deitadas junto à porta. Pareciam quentes e febris. Um dos médicos as examinou e recuou horrorizado. Estavam com escarlatina!

Um calafrio percorreu meu corpo. Naquelas condições, todo o grupo estaria exposto à doença.

Era impossível isolar os pequenos. A única "quarentena" que poderíamos impor seria virar de costas os que estavam mais próximos dos infectados.

A princípio, todos tentavam se manter longe dos doentes para evitar o contágio. Mas, com o tempo, nos tornamos indiferentes a tais perigos.

No segundo dia, um dos principais comerciantes de Cluj sofrera um ataque cardíaco. Seu filho, médico, ajoelhou-se ao seu lado. Sem medicamentos, ele estava impotente, e só pôde assistir ao pai expirar, enquanto o trem chacoalhava.

Morte no vagão! Um suspiro de horror atravessou a comprimida massa de seres humanos.

Religioso, o filho começou a murmurar o tradicional cântico dos enlutados, e muitos juntaram suas vozes à dele.

O trem parou na estação seguinte. A porta se abriu e entrou um soldado da Wehrmacht.

O filho do homem que morrera gritou: "Temos um cadáver entre nós. Meu pai morreu". "Guardem seu cadáver", retrucou, com brutalidade. "Logo terão muitos outros!"

Ficamos chocados com sua indiferença. Não muito depois tínhamos mais outros corpos e, ao final de algum tempo, estávamos tão entorpecidos e abalados que não nos importávamos mais.

"Finalmente", suspirou um marido, ao cerrar as pálpebras de sua adorada esposa que acabara de morrer.

"Meu Deus, que demora!", lamentou uma mãe, inclinando-se sobre a filha de 18 anos, moribunda.

Estávamos no quinto ou sexto dia da interminável jornada?

O vagão de gado se tornara um abatedouro. Cada vez mais preces pelos mortos eram ouvidas na atmosfera sufocante. Mas os SS não nos permitiam enterrá-los, ou removê-los. Éramos obrigados a conviver com nossos cadáveres. Os mortos, os doentes contagiosos, os que padeciam de enfermidades orgânicas, os sedentos, os famintos e os loucos deveriam viajar juntos naquela geena[4] de madeira.

No sétimo dia, minha amiga Oily tentou se suicidar tomando veneno. Seus filhos, dois rapazinhos adoráveis, seus pais idosos, que haviam chegado a Cluj como refugiados de Viena, e seu marido, apesar de médico, imploraram ao dr. Lengyel que a salvasse.

Primeiro, ele precisava fazer uma lavagem estomacal na mulher. Para isso, um tubo de borracha era indispensável. Por sorte, se é que se pode dizer isso, desde sua cirurgia meu pai tinha um dispositivo para urinar que continha um tubo de borracha. Para levar o tubo até a pobre Oily, era preciso passar por cima dos doentes em volta.

Depois disso, meu marido teve que ministrar o tratamento num espaço minúsculo, sem os instrumentos adequados e sem luz. Mas o maior problema era a falta de água.

No fundo de alguns cantis e cabaças, ainda havia uma ínfima reserva. Ninguém se ofereceu para compartilhá-la. Foi preciso muita autoridade do meu marido para ordenar que lhe dessem um pouco.

Apesar de todas as circunstâncias negativas, o tratamento foi bem-sucedido e a mulher foi salva. Ao menos, por algum tempo. Infelizmente, no dia seguinte, ela enfrentaria a própria morte.

De vez em quando, no transcorrer daquela viagem infernal, eu tentava me abstrair da realidade, dos mortos, dos moribundos, do fedor e dos horrores. Subia nas malas e olhava pela pequena janela. Contemplava a sedutora paisagem rural do Tatra, as magníficas florestas de abetos, os prados verdejantes, os pastos tranquilos e as casinhas encantadoras. Era como um cenário de anúncio de chocolates suíços. Como tudo parecia irreal!

---

4. A palavra geena, em hebraico *gehinnom*, refere-se ao inferno ou purgatório judaico, um lugar de purificação para os ímpios, em que a maioria dos castigados permanece até um ano, embora alguns lá fiquem por toda a eternidade. (N.T.)

Duas vezes por dia, os guardas faziam uma checagem. Pensávamos que viriam nos observar bem de perto, pois imaginávamos que eles tivessem dossiês completos sobre nós e estavam prontos para verificar os menores detalhes com o proverbial rigor alemão. Foi apenas mais uma ilusão que estávamos destinados a perder. Eles só se interessavam por nós como grupo e de modo algum se importavam conosco individualmente.

Algumas vezes passamos por estações onde aguardavam comboios militares e hospitalares. Os soldados da Wehrmacht estavam com os ânimos exaltados. Inebriados pela vitória ou exasperados pela derrota, aqueles homens, tanto os sadios como os feridos, expressavam apenas ironia e escárnio pelos pestilentos deportados nos vagões de gado.

Ouvimos os mais rudes e cruéis insultos. Inúmeras vezes eu me perguntei se era mesmo possível que aqueles homens de verde só conhecessem a maldade e o ódio. Em momento algum houve a menor manifestação de simpatia ou compaixão.

E, então, no final do sétimo dia, o vagão da morte parou. Havíamos chegado. Mas onde? Aquilo era uma cidade. E o que fariam conosco?

2

A CHEGADA

Hoje, quando penso em nossa chegada ao campo, relembro que os vagões de trem pareciam caixões. Aquele era, de fato, um trem fúnebre. Os agentes da SS e da Gestapo eram os nossos agentes funerários, os oficiais que mais tarde avaliaram nossos "tesouros", nossos gananciosos e impacientes herdeiros.

Não conseguimos sentir nada além de uma profunda sensação de alívio. Qualquer coisa seria melhor que aquela terrível incerteza. Numa prisão sobre rodas, haveria algo mais terrível que a penumbra opressiva, cheirando a imundície, cheia de gemidos e lamentos de cortar o coração?

Esperávamos ser libertados do vagão sem demora. Mas essa esperança logo se esvaiu. Tivemos de passar uma oitava noite no trem, os vivos amontoados uns por cima dos outros para evitar o contato com os corpos em decomposição.

Ninguém conseguiu dormir naquela noite. Nossa sensação de alívio cedeu à ansiedade, como se um sexto sentido nos alertasse quanto a um desastre iminente.

Com dificuldade, esgueirei-me pela massa compacta de seres humanos até chegar à pequena janela. Por ali, assisti a um estranho espetáculo. Do lado de fora, havia uma verdadeira floresta de arame farpado, iluminada a intervalos por poderosos holofotes.

Um imenso lençol de luz cobria tudo o que fosse visível. Era uma visão arrepiante, mas também tranquilizadora. Aquele extravagante gasto de energia elétrica indicava a proximidade da civilização e o fim das condições sub-humanas que havíamos suportado.

Ainda assim, eu estava longe de compreender o verdadeiro significado daquela exibição. Onde estávamos, e que destino nos aguardava? Fiz algumas conjecturas, mas minha imaginação não era capaz de dar uma explicação razoável.

Por fim, voltei para perto dos meus pais, porque senti uma profunda necessidade de falar com eles.

"Vocês poderão me perdoar um dia?", murmurei, beijando-lhes as mãos.

"Perdoá-la?", perguntou minha mãe, com sua característica ternura. "Você não fez nada que precise ser perdoado." Mas seus olhos se encheram de lágrimas. O que ela suspeitou naquele momento?

"Você sempre foi a melhor das filhas", acrescentou meu pai.

"Morreremos, talvez", minha mãe continuou, em voz baixa, "mas você é jovem. Você tem força para lutar e sobreviverá. Ainda pode fazer muito por si mesma e pelos outros." Aquela foi a última vez que abracei os dois.

O dia pálido nasceu. Pouco depois, um oficial, que soubemos ser o comandante do campo, veio nos assumir sob sua custódia. Acompanhava-o um intérprete que, descobrimos mais tarde, falava nove idiomas. O dever dele era traduzir todas as instruções para as línguas nativas dos deportados. Ele nos alertou que deveríamos seguir a mais rigorosa disciplina e obedecer sem discussão a todas as ordens. Nós ouvíamos somente. Por que suspeitar de um tratamento pior que aquele que havíamos recebido?

Na plataforma, vimos um grupo de prisioneiros com roupas listradas. Aquela visão causou-nos uma impressão dolorosa. Ficaríamos alquebrados, emaciados como aqueles seres em frangalhos? Eles foram levados até a estação para carregar nossa bagagem, ou melhor, o que restava dela, depois que os guardas cobraram seus "impostos". Ali estávamos completamente expropriados.

Veio a ordem rude e exigente: "Saiam!". As mulheres foram alinhadas de um lado, os homens de outro, em fileiras de cinco.

Os médicos deviam se posicionar numa fila separada, com suas maletas de instrumentos. Aquilo pareceu bastante tranquilizador. Se precisavam de médicos, significava que os doentes receberiam cuidados clínicos. Quatro ou cinco ambulâncias se aproximaram. Disseram que transportariam os enfermos. Outro bom sinal.

Como podíamos saber que tudo aquilo era apenas uma fachada para manter a ordem entre os deportados com um mínimo de força armada? Não podíamos imaginar que as ambulâncias levariam os doentes diretamente para as câmaras de gás, cuja existência eu havia duvidado, e de lá para os crematórios!

Tranquilizados por tão astuciosos subterfúgios, permitimo-nos ser despojados de nossos pertences e marchamos docilmente para os matadouros.

Enquanto éramos reunidos na plataforma da estação, nossa bagagem foi carregada pelas criaturas vestidas com roupas listradas de presidiários. Depois removeram os corpos dos que morreram durante a viagem. Os cadáveres que viajaram conosco por dias estavam horrivelmente inchados e em variados estágios de decomposição. O cheiro era tão nauseabundo que atraíra milhares de moscas. Elas se alimentavam dos mortos e atacavam os vivos, atormentando-nos sem parar.

Assim que saímos dos vagões de gado, minha mãe, meus filhos e eu fomos separados do meu pai e do meu marido. Estávamos agora dispostos em fileiras que se estendiam por centenas de metros. O trem descarregara entre 4 e 5 mil passageiros, todos tão atordoados e perplexos quanto nós.

Deram mais ordens, e desfilamos diante de cerca de trinta homens da SS, entre eles, o chefe do campo e outros oficiais. Começaram a escolher, mandando alguns para a direita e outros para a esquerda. Era a primeira "seleção", durante a qual, como não poderíamos sonhar que fosse verdade, eram determinadas as primeiras pessoas sacrificadas que seguiriam para os crematórios.

Crianças e idosos recebiam a ordem automática: "Para a esquerda!". No momento da separação, ouviam-se gritos de desespero, apelos frenéticos de "mamãe, mamãe!", que ecoarão para sempre em meus ouvidos. Mas os guardas da SS demonstraram que não tinham nenhum sentimento. Todos os que tentavam resistir, velhos ou jovens, eram espancados sem piedade; logo os guardas refizeram nossa fila em dois novos grupos, para a direita e para a esquerda, mas sempre em fileiras de cinco.

A única explicação veio de um oficial da SS que nos garantiu que os mais velhos ficariam encarregados das crianças. Acreditei nele, supondo que fosse natural que os adultos aptos deviam trabalhar, mas que os velhos e os mais jovens receberiam cuidados.

Chegou a nossa vez. Minha mãe, meus filhos e eu paramos diante dos "selecionadores". Cometi, então, meu segundo erro terrível. O selecionador, com um gesto, mandou minha mãe e eu para o grupo adulto. Determinou que Thomas, meu filho menor, ficaria com as crianças e idosos, o que significava extermínio imediato. Hesitou diante de Arvad, meu filho mais velho.

Meu coração batia com força. Aquele oficial, um homem grande e moreno, de óculos, parecia querer agir com justiça. Mais tarde, soube se tratar do dr. Fritz Klein, o "selecionador-chefe".[5]

"Este menino deve ter mais de 12 anos", ele me disse.

"Não", protestei.

A verdade era que Arvad ainda não tinha completado 12 anos, e eu poderia ter dito isso. Ele era alto para a idade, mas eu quis poupá-lo de trabalhos que poderiam ser árduos demais para ele.

"Muito bem", concordou Klein, em tom amistoso. "Para a esquerda!"

Eu convencera minha mãe de que ela deveria acompanhar as crianças e tomar conta delas. Em sua idade, teria direito ao tratamento concedido aos idosos e teria alguém para cuidar de Arvad e Thomas.

"Minha mãe gostaria de ficar com as crianças", eu disse.

"Muito bem", concordou ele, mais uma vez. "Ficarão todos no mesmo campo."

---

5. Em 1945, o dr. Fritz Klein foi uma das principais atrações no julgamento dos carrascos de Belsen.

"Em algumas semanas estarão todos reunidos", acrescentou outro oficial, com um sorriso. "Próximo!"

Como eu poderia saber? Eu os poupara do trabalho pesado, mas condenara Arvad e minha mãe à morte na câmara de gás.

A estrada estava em bom estado. Era início de maio e um vento frio nos trouxe um odor peculiar, adocicado, muito parecido com carne queimada, embora não a tenhamos identificado dessa maneira. Aquele cheiro nos saudou quando chegamos e ficou conosco para sempre.

O "Lager"[6] ocupava um amplo espaço entre 9 e 12 quilômetros, conforme verifiquei mais tarde. Era cercado por postes de cimentos, de 3 a 4 metros de altura e cerca de 40 centímetros de diâmetro. Estavam dispostos em intervalos de 3 metros e meio, ligados por uma rede dupla de arame farpado. Em cada poste, havia uma lâmpada, um enorme olho brilhante voltado para os prisioneiros, que nunca se apagava. Dentro do espaço imenso, havia muitos campos, cada um designado por uma letra.

Os campos eram separados por barrancos de 90 centímetros. Em cima dos barrancos, estendiam-se 3 cercas de arame farpado, carregadas com correntes elétricas.

Ao entrarmos no terreno do *Lager* e dos diversos campos, vimos algumas construções de madeira. O arame farpado em volta dessas estruturas nos remeteu a gaiolas. Encerradas nessas gaiolas, havia mulheres vestidas em andrajos indescritíveis, com cabeças tosquiadas e pés descalços. Em todas as línguas da Europa, imploravam por um pedaço de pão ou um xale para cobrir sua nudez.

Ouvimos gritos de desespero.

"Vocês também vão desabar, como tantas de nós."

"Vocês sentirão frio e fome, como nós."

"Vocês também vão apanhar!"

De repente, uma mulher alta e bem-vestida surgiu no meio daquele rebanho. Com um cassetete maciço, batia em todas que encontrava à sua frente.

---

6. Entreposto ou depósito – em alemão, no original. (N.T.)

Não conseguíamos acreditar no que estávamos vendo. Quem eram aquelas mulheres? Que crimes cometeram? Onde estávamos?

Parecia um pesadelo. Aquele lugar era o pátio de um hospício? Talvez aquela mulher fosse uma carcereira usando o seu último recurso: a força bruta.

"Com certeza", disse para mim mesma, "essas mulheres são anormais e por isso estão isoladas."

Eu ainda era incapaz de conceber que mulheres com mente sadia e inocentes de qualquer crime pudessem ser tão humilhadas e degradadas.

Mais do que tudo, eu estava longe de imaginar que, dentro de pouco tempo, eu estaria reduzida àquela mesma condição deplorável.

Depois de esperar por cerca de duas horas em frente a uma grande construção, grosseiramente erguida, estávamos literalmente enregeladas. Então, uma tropa de soldados nos empurrou para dentro. Nós nos vimos numa espécie de hangar, de 7 ou 8 metros de largura por cerca de 30 metros de comprimento. Os guardas nos amontoaram de tal modo que qualquer movimento era doloroso. As grandes portas foram fechadas.

Aproximadamente 20 soldados, quase todos embriagados, estavam ali dentro. Eles nos encaravam e gritavam comentários sarcásticos.

Um oficial começou a dar ordens: "Dispam-se! Deixem todas as suas roupas aqui. Deixem seus papéis, objetos de valor e equipamentos médicos. E façam uma fila, encostadas à parede".

Ouviu-se um murmúrio de indignação. Por que deveríamos nos despir?

"Silêncio! Se não quiserem ter todos os centímetros do corpo espancados, segurem suas línguas!", berrou o oficial.

O intérprete traduziu a ordem em todos os idiomas.

"De agora em diante, não se esqueçam de que são prisioneiras."

As duas dezenas de guardas encarregados de nos desvestir começaram seu trabalho.

Naquele momento, dissiparam-se nossas últimas dúvidas. Percebemos que fôramos terrivelmente enganadas. A bagagem que deixamos na estação se perdera para sempre. Os alemães haviam nos expropriado de tudo, até mesmo das menores lembranças que podiam nos trazer à memória nossa antiga vida. A mim, o que mais me entristeceu foi perder as fotos de meus entes queridos. Mas era a nossa hora da vergonha.

Quando começamos a nos despir, fomos invadidas por estranhas sensações. Muitas de nós, médicas ou casadas com médicos, tínhamos nos munido com comprimidos de veneno para enfrentar o pior. Por quê? Porque tínhamos vivido um clima de terror e queríamos estar preparadas para qualquer emergência. Embora me sentisse otimista ao partir, eu também havia me munido com uma arma de autodestruição. Existe algum conforto em saber que, como último recurso, somos donos da própria vida ou morte! Em certo sentido, isso representa a derradeira liberdade. Ao nos despojar de todos os nossos pertences, os alemães sabiam que também estavam nos pedindo para abrir mão daquilo.

No mesmo instante, uma húngara, a dra. G, pegou uma seringa de morfina e, como é impossível aplicar em si mesma uma injeção intravenosa, engoliu o conteúdo. Mas o veneno foi absorvido pelo duto oral e não surtiu o efeito desejado.

Um pensamento me consumia: como poderia esconder meu veneno? Fomos mandadas para os chuveiros. Tivemos que entrar em outro cômodo, completamente nuas, com exceção dos sapatos, e manter as mãos abertas, enquanto nos examinavam. Então, eu tive sorte. Mandaram-nos tirar os sapatos. No entanto, quem estivesse com sapatos puídos tinham permissão para usá-los. Os alemães não queriam artigos que não tivessem valor. Eu calçava botas que, no início da primavera, não interessavam aos guardas, sobretudo por estarem cobertas de lama e poeira. Depressa, no rasgo do forro de uma das botas, escondi meu maior tesouro, o veneno.

"Encostadas à parede!", gritavam os guardas.

Batiam em nossos corpos nus com os cassetetes, como eu vira a mulher fazer, pouco antes, com aquelas prisioneiras miseráveis.

Algumas das minhas companheiras tentaram em desespero manter seus papéis – livros de preces ou fotos. Mas os guardas tinham olhos de águia. Espancavam-nas com bastões com pontas de ferro, ou puxavam-nas pelos cabelos com tanta força que as infelizes gritavam e desabavam no chão.

"Vocês não vão mais precisar de documentos nem de fotos!", gritavam, irônicos.

Alinhei-me na minha fileira, completamente nua, a vergonha engolida pelo terror. Aos meus pés, estavam minhas roupas e, por cima, os retratos da minha família. Olhei mais uma vez os rostos de meus entes queridos. Meus pais, meu marido e meus filhos pareciam sorrir para mim... Abaixei-me e deslizei aquelas imagens amadas para dentro do meu casaco embolado no chão. Minha família não veria minha horrenda degradação.

Ao meu redor, continuavam a pavorosa agitação, os lamentos e os corpos encolhidos. Com amargura, encontrei alguma satisfação em rasgar a blusa e o vestido. Pode ter sido um gesto idiota, mas era um alívio saber que ao menos minhas roupas não estariam à disposição daqueles odiosos "super-homens".

Fomos então obrigadas a nos submeter a um minucioso exame à maneira nazista, oral, retal e vaginal – outra experiência medonha. Tivemos que nos deitar sobre uma mesa, nuas em pelo, enquanto nos analisavam. Tudo isso diante de soldados bêbados que, sentados à volta da mesa, davam gargalhadas obscenas.

Terminado o exame, fomos empurradas para um cômodo contíguo. Seguiu-se outra interminável espera, diante de uma divisória frágil onde estava escrito "Chuveiros". Tremíamos de frio e humilhação. Apesar do cansaço e do sofrimento, muitas mulheres ainda conservavam a beleza do rosto e do corpo.

Mais uma vez, tivemos que desfilar diante de uma mesa à qual estavam sentados soldados alemães com expressões depravadas. Fomos empurradas para outro salão, com homens e mulheres armados com tesouras e tosquiadoras. Teríamos nossos cabelos cortados e a cabeça raspada. Os cabelos eram juntados em grandes sacos, para serem utilizados depois. O cabelo humano era uma das preciosas matérias-primas necessárias à indústria alemã.[7]

---

7. Eles o usavam para encher almofadas e colchões. As famílias do Terceiro Reich dormiam sobre os cabelos de suas vítimas.

Algumas mulheres tiveram sorte de serem raspadas com as rápidas tosquiadoras. Foram invejadas por aquelas cujo cabelo foi cortado com tesouras, porque nossos barbeiros não eram nada profissionais. Faziam o serviço com tanta pressa, deixando tufos no couro cabeludo, como se quisessem que ficássemos com uma aparência ridícula de propósito.

Antes de chegar a minha vez, um oficial alemão apontou para mim. "Não cortem o cabelo dela", disse a um guarda. O soldado me puxou para o lado e me deixou ali, esquecendo-se de mim em seguida.

Tentei analisar minha situação. O que aquele oficial queria comigo? Senti medo. Por que teria sido a única mulher cujo cabelo não seria cortado? Talvez eu fosse receber um tratamento melhor. Mas não, daquele inimigo não se podia esperar qualquer misericórdia, a não ser por um preço medonho.

Eu não queria ser a preferida; era melhor continuar com minhas companheiras. Então, desconsiderei a ordem e entrei na fila para ser tosquiada.

De repente, o oficial voltou. Olhou para minha cabeça raspada, ficou furioso e me esbofeteou com toda a força. Depois repreendeu o guarda e ordenou-lhe que me açoitasse. Foi a primeira vez que apanhei no campo. Cada golpe cortou meu coração como acontecia com a minha carne. Éramos almas perdidas. Deus, onde você está?

Atingi aquele estado de entorpecimento em que não se sente mais qualquer cassetete ou chicote. Vivi o resto daquela cena como espectadora, pensando apenas nas minhas botas e no veneno enfiado no forro. Nada além do pensamento e da esperança de que a última palavra ainda pudesse ser a minha sustentava minhas forças.

Uma vez encerradas as "formalidades" da revista, fomos conduzidas para o salão dos chuveiros. Passávamos girando sob as torneiras que nos borrifavam com algumas gotas de água quente. A coisa toda não durou mais que um minuto. Nossas cabeças e as habituais partes do corpo foram então lambuzadas com desinfetante. Ainda não tínhamos secado completamente o corpo quando fomos conduzidas a um terceiro cômodo. As portas e janelas estavam escancaradas.

Afinal, estávamos nas mãos deles e nossas vidas não significavam nada para ninguém.

Ali recebemos nossos trajes de prisioneiras. Não consigo pensar em nenhum nome que se adeque aos bizarros trapos que nos foram entregues como roupa de baixo. Perguntamo-nos o que eram aquelas "lingeries". Não eram brancas nem de qualquer outra cor e, sim, trapos de velhos panos de pó. Não podíamos ser exigentes. Só poucas escolhidas receberam roupas íntimas. A maioria teve que usar suas roupas por cima da pele.

Os trajes lembravam um fantástico baile de máscaras. Algumas blusas eram de tecido listrado dos uniformes presidiários. O resto eram trapos que devem ter vindo de roupas de cores brilhantes, mas que agora estavam em farrapos.

Ninguém se importava se aqueles andrajos serviam nas prisioneiras. Mulheres altas e de seios grandes tinham que usar vestidinhos muito curtos e apertados que não chegavam aos joelhos. Mulheres magras recebiam vestidos enormes, alguns com cauda. E, ainda assim, apesar do absurdo da distribuição, a maioria das prisioneiras, mesmo as que podiam tê-lo feito, recusou-se a trocar de "vestido" com outra. E não havia meio de dar um jeito neles. Botões, linhas, agulhas e alfinetes de segurança eram itens inexistentes.

Para completar o estilo, os alemães pintaram uma seta com tinta vermelha, de 5 centímetros de largura e 50 centímetros de comprimento, atrás de cada peça de roupa. Éramos marcadas como párias.

Recebi um conjunto simples. Meu novo traje consistia de um daqueles antigos e elegantes vestidos de tule, bastante esfarrapado, transparente e sem forro. Com ele, entregaram-me um par de calças masculinas listradas. O vestido era aberto na frente até o umbigo e nas costas até os quadris.

Apesar da trágica situação, era impossível não rir ao vermos as outras em figurinos tão ridículos. Após algum tempo, era difícil superar o nojo que sentíamos de nossas companheiras e de nós mesmas.

Assim arrumadas, fomos colocadas em fila diante do prédio dos chuveiros. Mais uma vez, fomos obrigadas a esperar por longas horas. Ninguém tinha permissão para se mexer. Fazia frio. As nuvens estavam baixas. Surgiu um vento. As roupas, que estavam secas quando as vestimos, umedeceram. Aquele primeiro teste de resistência fez muitas vítimas. Casos de pneumonia, otite e meningite logo se manifestaram, muitos deles fatais.

Pelas prisioneiras mais antigas, soubemos que estávamos aproximadamente 65 quilômetros a oeste de Cracóvia. O lugar chamava-se Birkenau, devido à floresta próxima, Birkenwald. Birkenau ficava a 8 quilômetros da aldeia e do campo de Auschwitz, ou Oswiecim. A agência postal estava a 12 quilômetros, em Neuberun.

Por fim, mandaram-nos sair dali. Atravessamos uma encantadora floresta, cujos arredores tinham uma construção de tijolos vermelhos. Grandes chamas saíam pela chaminé e o estranho, enjoativo e adocicado odor que nos recebeu na chegada invadiu-nos com uma intensidade ainda maior.

Toras de madeira estavam empilhadas ao longo dos muros por cerca de 100 metros. Perguntamos a uma das guias, uma antiga prisioneira, o que era aquele prédio.

"É uma padaria do campo", disse ela.

Aceitamos aquela resposta sem suspeitar. Se nos tivesse revelado a verdade, simplesmente não acreditaríamos. A "padaria" que exalava o cheiro adocicado e enjoativo era o crematório, para onde crianças, velhos e doentes eram mandados, e para o qual, em última análise, estávamos todos condenados.

3

BARRACÃO 26

Chegamos diante do local ao qual havíamos sido designadas. As luzes ofuscantes no arame farpado que rodeava o campo indicavam que as cercas estavam carregadas com correntes de alta tensão.

O grande cadeado que trancava os portões foi aberto. Fomos colocadas para dentro. Quando as últimas deportadas atravessaram a fronteira da área externa, ouviu-se um rangido daquela barreira sendo fechada.

Todo o passado de nossas vidas ficou do outro lado do portão. Daquele momento em diante, não passávamos de escravas, sempre com fome e frio, à mercê dos guardas, e sem esperança. Havia lágrimas em todos os olhos enquanto seguíamos a guia ao nosso novo lar, o "Barracão 26".

É preciso explicar que havia diferenças entre Birkenau e Auschwitz, nomes infames e uma mancha na história da humanidade. A ferrovia separava um campo do outro. Quando os selecionadores separavam os deportados na plataforma da estação para "direita" ou "esquerda", mandavam-nos para Birkenau ou Auschwitz. Auschwitz era um campo de escravos. Por pior que fosse a vida lá, era melhor que em Birkenau. Porque Birkenau era, sem dúvida, um campo de extermínio, e isso nunca foi mencionado em relatórios. Fazia parte da colossal culpa dos governantes alemães e raramente era citado; nem sua existência era sequer admitida, até que as tropas aliadas de libertação expuseram o segredo ao mundo.

Em Auschwitz, havia várias fábricas em funcionamento, como a D.A.W. (Deutsches-Aufrustungswerk), Siemens e Krupp. Todas dedicadas à produção de armamentos. Os prisioneiros destinados ao trabalho eram altamente privilegiados. Mas mesmo aqueles que não produziam eram mais afortunados que os prisioneiros de Birkenau – apenas aguardavam a vez para serem asfixiados e cremados. As desagradáveis tarefas de manusear os quase cadáveres e depois as cinzas eram delegadas a grupos chamados *kommandos*. O único trabalho dos agentes de Birkenau era camuflar a verdadeira razão de ser do campo: o *extermínio*. Quando os internos em Auschwitz, ou em outros campos da região não fossem mais considerados úteis, eram remetidos para Birkenau para morrer nos fornos. Cruel e simples assim.

Esses detalhes descobri aos poucos, à medida que as semanas passavam. Nos primeiros dias no campo ainda acreditávamos que seríamos obrigadas a trabalhar. Pois não víamos placas proclamando *Arbeit macht frei* (O trabalho liberta)? Era mais uma maneira de os alemães torturarem suas vítimas indefesas. Estavam sempre se divertindo conosco, como um gato faz com um rato que irá matar.

O Barracão 26 era um grande hangar construído com tábuas ásperas, montadas como um estábulo. Na porta, uma placa de metal indicava o número de cavalos que a construção poderia abrigar. "Animais sarnentos devem ser separados de imediato", lia-se. Que sorte tiveram os cavalos. Ninguém jamais se preocupou em tomar qualquer precaução em prol dos seres humanos mantidos ali.

O interior do barracão era dividido em duas partes por um grande fogão formado por tijolos com um pouco mais de um metro de altura. De ambos os lados do fogão, havia três níveis de leitos.

Para ser mais exata, havia gaiolas de madeira chamadas *koias*. Em cada gaiola, que media 3,5 m por 1,5 m, amontoavam-se de dezessete a vinte pessoas. Havia muito pouco conforto naqueles "beliches".

Quando chegamos, as *koias* não passavam de tábuas nuas. Dormíamos como podíamos sobre elas. Um mês depois, nossos captores trouxeram-nos cobertores. Para cada *koia*, dois miseráveis cobertores, imundos e fedorentos, ou seja, um cobertor para cada dez pessoas.

Nem todas as ocupantes podiam dormir ao mesmo tempo, por falta de espaço. Algumas eram obrigadas a passar a noite agachadas em posições constrangedoras. Numa *koia*, o menor movimento gerava um problema que exigia a participação ou, pelo menos, a cooperação de todas as outras.

Para piorar, o telhado do barracão estava em estado lamentável. Quando chovia, pingava água e as prisioneiras dos níveis superiores ficavam encharcadas. Mas as do nível inferior não tinham melhor sorte. O chão só era cimentado em torno do fogão. Não havia assoalho exceto terra batida suja e úmida, que qualquer chuvinha transformava em um lamaçal. Além disso, no nível inferior, o ar era absolutamente sufocante.

A sujeira suplantava qualquer imaginação. Nossa obrigação principal era cuidar da limpeza. Qualquer infração das regras de higiene estava sujeita a severas sanções. Era ridículo, entretanto, esperar limpeza em galpões que abrigavam de 1,4 a 1,5 mil mulheres, sem vassouras, esfregões, baldes, nem sequer um pano de pó. Tivemos que enfrentar o problema. Decidimos que uma de nós, cujo vestido fosse especialmente longo, deveria cortar um pedaço da parte de baixo. Com aquele trapo, fizemos um arremedo de esfregão. Já não era sem tempo, pois a imundície do chão contaminava o ar deplorável que respirávamos.

Mais difícil foi resolver o problema dos pratos. No segundo dia, recebemos cerca de vinte tigelas – vinte tigelas para 1,5 mil pessoas! Em cada tigela cabia cerca de 1,5 litro. Também nos deram um balde e uma caldeira com capacidade para 5 litros.

A prisioneira escolhida pela chefe do barracão, ou *blocova*, requisitou, na mesma hora, a caldeira como urinol. Suas comparsas logo se apoderaram das outras tigelas, para o mesmo uso. O que as restantes poderiam fazer? Parecia que os alemães procuravam a todo o tempo nos colocar umas contra as outras, para nos tornar competitivas, rancorosas e cheias de ódio.

De manhã, tínhamos que nos contentar em lavar as tigelas do jeito que podíamos, antes de pôr dentro delas nossas ínfimas rações de açúcar de beterraba ou margarina. Nos primeiros dias, nossos estômagos embrulhavam ao pensar em usar o que, à noite, fora utilizado como urinol. Mas a fome fala mais alto, e estávamos tão famintas que nos dispúnhamos a comer qualquer coisa. Não havia o que fazer se a comida tinha de ser colocada naquelas tigelas. À noite, muitas usavam as tigelas em segredo. Tínhamos permissão para ir às latrinas duas vezes por dia. Não importava se precisássemos ir ao banheiro. Se saíssemos no meio da noite, corríamos o risco de ser detidas pelos guardas da SS, que tinham ordens de atirar primeiro e perguntar depois.

4

PRIMEIRAS IMPRESSÕES

Somente dois dias após termos sido instaladas nas *koias* é que recebemos nossa primeira refeição matinal – nada além de uma xícara com um líquido amarronzado e insípido, presunçosamente chamado de "café". Às vezes, nos davam chá. A bem da verdade, não havia qualquer diferença entre as duas beberagens. Não eram adoçadas, embora fosse toda a nossa refeição, sem ao menos uma migalha, para não dizer uma lasca de pão.

Ao meio-dia, recebíamos sopa. Era difícil dizer quais ingredientes havia naquele caldo. Em condições normais, seria absolutamente intragável. O cheiro era nauseabundo. Muitas vezes, só conseguíamos comer nossas porções tampando o nariz. Mas era preciso comer e, de algum jeito, superávamos o nojo. Cada mulher engolia sua parte do conteúdo da tigela dando um grande gole – é claro que não tínhamos colheres –, como crianças engolindo um remédio amargo.

Os ingredientes da sopa variavam conforme a estação. Mas o sabor nunca mudava. O que não impedia que fosse uma "sopa surpresa". No caldeirão, pescávamos botões, tufos de cabelo, trapos, latas de conserva vazias, chaves e até camundongos. Um belo dia, alguém encontrou um minúsculo estojo de costura de metal, com linha e um conjunto de agulhas.

À tarde, recebíamos o pão de cada dia, uma ração de 200 gramas. O pão era preto, com um percentual alto de serragem. Aquilo era dolorosamente irritante para nossas gengivas, que já estavam sensíveis pela desnutrição. A absoluta ausência de escovas e cremes dentais, sem mencionar o uso em comum dos pratos, tornava inútil qualquer tratamento.

Além da ração diária de pão à tarde, recebíamos um pedacinho de geleia de beterraba, ou uma colher de margarina. Como favor excepcional, ganhávamos, às vezes, uma fatia quase transparente de salsichas de origem um tanto duvidosa.

Tanto a sopa como o café eram servidos em imensas panelas de 47 litros que, com o conteúdo, deviam pesar uns 68 quilos. Tinham que ser carregadas por duas prisioneiras. Carregar tanto peso debaixo de chuva, neve ou granizo e, muitas vezes, na lama, era uma tarefa bastante difícil para duas mulheres. Acontecia, por vezes, de derramarem o líquido fervente sobre si mesmas, provocando graves queimaduras. Fazer aquilo seria difícil para homens, e aquelas mulheres não tinham qualquer treinamento para executar trabalhos braçais, além de estarem em péssimas condições físicas. Mas os administradores alemães apreciavam tais paradoxos. Com frequência, colocavam os analfabetos nos serviços de escritório e reservavam os trabalhos forçados para os intelectuais.

Uma vez que chegasse o caldeirão, a sopa ou o café eram distribuídos pela *stubendienst*, encarregada do serviço dentro do bloco. Para tais funções, a *blocova* escolhia as prisioneiras mais fortes e mais brutas, em especial as que sabiam manejar um cassetete. As *stubendiensts*, temidas dignitárias do barracão, sempre tinham chance de se deliciar testando seus cassetetes no lombo das companheiras, cuja conduta "deixasse a desejar". Porque, ao ver o caldeirão, algumas não conseguiam se controlar, e se atiravam em cima da comida como animais numa luta de vida ou morte.

Da imensa panela, o líquido era despejado nas vinte tigelas de cada barracão. Cada tigela era dividida pelas ocupantes de uma *koia*. A questão de quem seria a primeira a beber provocou muitas brigas. Acabou-se estabelecendo um sistema. Quem recebesse a tigela segurava-a sob o olhar atento das dezenove companheiras de *koia*. Com inveja, contavam cada gole e observavam os menores movimentos do seu pomo de adão. Quando terminava a sua cota de goles, a segunda arrancava a tigela de suas mãos e bebia com voracidade a sua porção do líquido malcheiroso.

Que visão dolorosa! Ninguém matava a fome. Só uma coisa me desanimava mais: ver uma mulher bonita e inteligente se debruçar sobre uma poça d'água e beber com avidez o raso conteúdo para matar a sede. Ela não ignorava o perigo de beber uma água tão insalubre. Mas a maioria das deportadas já descera tão baixo que estavam surdas a quaisquer súplicas. A própria morte só poderia vir como uma libertação.

* * *

Sempre que recordo os primeiros dias no campo, sinto arrepios de um terror indescritível. Era um terror que se manifestava sem qualquer motivo em particular, mas alimentado sem cessar por estranhos acontecimentos, cujo significado eu buscava em vão. À noite, o brilho das chamas das chaminés da misteriosa "padaria" entrava pelas frestas na parede. Os gritos de doentes ou feridos, empilhados em caminhões destinados a um lugar desconhecido, arrebentavam nossos nervos e faziam-nos sentir ainda mais desgraçadas. Às vezes, ouvíamos tiros de revólver, pois os guardas da SS usavam suas armas livremente. Para além desses ruídos, vinham ordens bradadas por vozes arrogantes. Nada permitia que nos esquecêssemos de nossa escravidão. Era possível que tais condições existissem na Europa do século XX?

Nossos corações estavam com aqueles de quem havíamos sido separadas. Os administradores do campo compreendiam nossa saudade. Dois dias após a chegada, recebemos cartões-postais com permissão para informar aos que havíamos deixado para trás que "gozávamos de boa saúde". Fomos obrigadas, no entanto, a escrever com um erro. Em vez de indicar que os cartões eram enviados de Birkenau, devíamos datá-los de Waldsee. Isso despertou, no mesmo instante, minhas suspeitas de trapaça e renunciei ao privilégio de escrever.

A maioria das minhas companheiras, entretanto, aproveitou a chance para se comunicar com o mundo lá fora. Algumas chegaram a receber respostas, quatro ou cinco semanas depois. Só em agosto compreendi o motivo de as autoridades alemãs terem encorajado aquela correspondência. Um novo trem chegou a Auschwitz-Birkenau e muitos deportados haviam confiado nas boas notícias recebidas do campo quando ainda estavam em casa, tranquilizaram-se e negligenciaram determinadas precauções que poderiam tê-los poupado da deportação. Outros afirmaram que as cartas enviadas por nossas prisioneiras forneceram seus endereços às autoridades alemãs!

Assim, o truque dos cartões-postais surtiu um efeito triplo. Enganara as famílias das prisioneiras, muitas vezes também candidatas à deportação; revelara o paradeiro de pessoas procuradas pela Gestapo; e, graças à falsa indicação geográfica, enganara a opinião pública na terra natal das prisioneiras e nos países estrangeiros em geral.

Enquanto isso, aquelas que "gozavam de boa saúde" estavam encurraladas nas *koias*. As tábuas eram pregadas de qualquer jeito e podiam ser arrancadas com facilidade com uma pressão mais forte ou com o peso. Quando o terceiro nível desabava, levava junto o segundo e esmagava cerca de sessenta mulheres. Cada acidente causava muitas lesões e fraturas. Não podíamos cuidar das vítimas, já que não havia gesso para fazer talas para braços e pernas quebrados. Às vezes, tínhamos oito ou dez acidentes desse tipo numa só noite.

Quando as *koias* lotavam ao ponto de ceder, os incidentes entre as internas tornaram-se mais frequentes. Durante o dia, a confusão reinante no barracão fazia com que nos odiássemos. As criaturas mais pacíficas eram por vezes tomadas pela vontade de estrangular as demais. À noite, a exasperação atingia o auge por causa da proximidade física. Uma interna, ao subir ao terceiro nível da *koia*, empurrava sem querer uma ocupante do segundo nível e começava uma briga medonha. Outra derrubava um sapato onde escondera um pedaço de pão, resultando numa discussão violenta, incluindo acusações de furto.

Durante a noite, entre choros e gemidos, as prisioneiras não paravam de gritar: "Tire o pé da minha boca!".

"Imbecil, você quase furou meu olho!"

"Chegue para lá, você está me estrangulando!"

"Me deixe passar, eu imploro... Estou com diarreia, preciso ir lá fora."

Ao que a *stubendienst* retrucava: "Você está louca. Sair do barracão no meio da noite? Você vai levar um tiro. Nem pense nisso".

Ela, antes, pertencera à melhor sociedade em sua cidade.

Numa das primeiras noites, a *blocova* nos reuniu para que testemunhássemos a conduta imprópria de uma prisioneira com diarreia. Tremendo como uma criança apanhada em plena travessura, ela se desculpava, suplicando: "Perdoem-me, por favor. Estou morta de vergonha, mas não consegui me segurar!".

Muitas vezes, patrulhas da SS entravam no barracão no meio da noite. Eles nunca perdiam a chance de punir as responsáveis pela "bagunça", inclusive aquelas cujas *koias* haviam desabado. As que não conseguiam ficar em pé, os alemães faziam com que limpassem o próprio sangue com as mãos.

* * *

Quando soube que a chefe do nosso barracão, uma polonesa chamada Irka, estava no campo havia quatro anos, fiquei mais tranquila. A única preocupação daquela mulher grandalhona e rude era que ninguém faltasse à chamada; o resto de sua autoridade ela delegava às assistentes que escolhera entre as prisioneiras mais violentas. Mas não importava. O fato de Irka estar ali há quatro anos mostrava que era possível sobreviver em Birkenau. Eu esperava não termos que aguardar quatro anos para sair daquele inferno.

Quando, porém, insinuei a Irka esses pensamentos, ela cortou minhas ilusões pela raiz. "Acha que deixarão você viver?", zombou ela. "Está enterrando sua cabeça na areia. Todas serão mortas, com exceção de casos raros, que talvez tenham alguns meses. Você tem família?"

Contei-lhe as circunstâncias como eu havia sido trazida com meus pais e filhos, e como fomos separados ao chegar ao campo.

Ela deu de ombros com ar de indiferença e me respondeu com frieza: "Posso garantir que nem sua mãe, nem seu pai, nem seus filhos estão mais neste mundo. Foram exterminados e cremados no mesmo dia em que chegaram. Perdi minha família do mesmo jeito, e este é o caso de todas as prisioneiras mais antigas".

Eu a ouvi, petrificada.

"Não, não, não pode ser", murmurei.

Esse tímido protesto fez a chefe do bloco perder a paciência.

"Já que não acredita em mim, veja por si mesma!", gritou ela, e me arrastou portão afora com gestos histéricos. "Está vendo aquelas chamas? Aquilo é o forno crematório. Você vai se dar mal se deixar escapar que sabe disso. Chame pelo nome que usamos: padaria. Sempre que chega mais um trem, os fornos atrasam o trabalho e os mortos têm que esperar um ou dois dias para serem cremados. Talvez sua família esteja sendo cremada agora!"

Ao ver que, no meu desespero, eu não conseguia dizer nenhuma palavra, sua voz adquiriu um tom de profunda tristeza: "Primeiro, eles cremam aqueles que não podem usar – crianças e velhos. Todos os que são colocados à esquerda na estação são mandados direto para o forno crematório".

Fiquei ali parada, como se estivesse morta. Não chorei. Estava inerte, sem vida.

"Logo na chegada! Quando eles separam os familiares? Meu Deus! Coloquei meu garotinho do lado esquerdo. Com meu amor imbecil, disse que ele ainda não tinha 12 anos. Quis poupá-lo dos trabalhos forçados e com isso o matei!"

Não me lembro de coisa alguma do restante daquele dia. Deitei-me no fundo da minha *koia* em completo estado de coma. Por volta da meia-noite, alguém me sacudiu por muito tempo. Abri os olhos: era a esposa de um médico que havia viajado conosco no mesmo vagão de gado. "Nossos maridos não devem estar longe", ela sussurrou. "Hoje à tardinha eu vi o dr. X."

Com que impaciência esperei amanhecer! Decidi que, fosse como fosse, eu precisava ver meu marido. Precisava contar a ele o que tinha ouvido. Talvez ele pudesse me garantir que aquilo não passava de uma sórdida mentira.

Desobedecendo às ordens e correndo o risco de ser flagrada pelos SS, esgueirei-me para fora da *koia* ao alvorecer. Na entrada do barracão, vi um grupo de internas com uniformes de prisioneiras. Ao me aproximar, dei-me conta de serem inspetoras. Cheia de ousadia, pois agora eu não tinha mais medo, atrevi-me a pedir que me ajudassem. Elas se recusaram a me dar qualquer informação. Ser pega dizendo qualquer coisa significaria uma sentença de 25 chicotadas.

Eu não me afastei. Pedi. Implorei. No fim, consegui convencê-las a mandar um recado ao dr. X. Quando ele apareceu, me informou que meu marido não estava longe. Aquilo me fez recobrar a coragem. Eu precisava vê-lo. Ele precisava saber o que eu sabia. Como uma paranoica, continuei a vigiar e perguntar por ele. Três vezes apanhei dos guardas alemães por estar numa parte do campo onde não deveria ter ido, mas pancadas não tinham importância, eu precisava encontrá-lo. Finalmente – como demorou! – eu o localizei.

Embora tivesse perdido a sensibilidade após as primeiras experiências no campo, ainda fiquei dolorosamente chocada ao rever meu marido. Ele, que sempre fora tão meticuloso e correto com sua aparência – o dr. Miklos Lengyel, diretor de um hospital, cirurgião, um ser humano magnífico –, estava sujo, maltrapilho e emaciado. A cabeça estava raspada, e ele usava um uniforme de preso. Ele me encarou com olhos incrédulos. Naquele vestido esfarrapado no qual eu ficava seminua, com calças listradas e cabeça desbastada, devo tê-lo chocado ainda mais do que ele a mim. Eu não parecia a mulher que fora sua esposa e companheira em dias mais felizes.

Ficamos ali, em silêncio, engasgados com nossas emoções. Então, numa voz oca de desânimo, ele disse: "Tudo nos trouxe até aqui".

Ele não se expressava com clareza, mas eu compreendi. Vinte anos de muito esforço, luta e fé no futuro, para terminar ali, como escravo do Terceiro Reich!

Estávamos perto da cerca de arame farpado, e não nos atrevíamos a demorar. A qualquer momento os guardas poderiam nos descobrir.

Tão depressa quanto pude, contei-lhe o que a *blocova* me relatou sobre as mortes dos nossos dois filhos e dos meus pais. Falei sem expressão, num tom que soava estranho aos meus próprios ouvidos.

Enquanto as palavras jorravam dos meus lábios, o rosto do meu filho mais novo, Thomas, pairava à minha frente; um dia ele declarou que nada de ruim poderia lhe acontecer enquanto seu pai e sua mãe estivessem com ele.

Eu disse: "Não posso acreditar que seres humanos, mesmo os alemães, sejam capazes de matar crianças pequenas. Você acredita nisso? Se for verdade, então não há mais nenhuma razão para viver. Eu não preciso sofrer. Eu tenho meu veneno. Posso acabar com isso agora".

Um silêncio vazio seguiu-se ao meu relato. Ele não disse palavra. Sua expressão abatida não denotava qualquer emoção. Eu podia adivinhar os tormentos pelos quais ele teria passado.

"Não direi a você que deve viver, apesar de tudo", ele murmurou, afinal. "Mas talvez deva esperar."

Ele compreendia a profundidade do meu desespero. Depois de outra pausa, acrescentou, rouco: "Quer me dar a metade do seu veneno? Eles encontraram o meu".

Inclinei-me para tirar o comprimido do forro da minha bota, quando ele mudou de ideia. "Não, eu não quero. Você poderá precisar de tudo! Pode ser mais fácil para mim encontrar outra forma do que para você, que é mulher."

Nesse momento, dois guardas alemães nos avistaram. Avançaram com selvageria e nos fustigaram com os chicotes. Fomos escorraçados, cada um para o seu próprio bloco. Não tivemos tempo de nos despedir.

"Já acabou para eles", ele gritou, enquanto os guardas o arrastavam. "Logo nos veremos de novo! Coragem!"

No dia seguinte, os homens foram removidos do campo.

* * *

Enquanto voltava para meu barracão, encontrei um homem que viera em nosso trem. Seu filho de 16 anos estava ao seu lado.

"Você viu meu Thomas?", implorei, encontrando esperanças no desespero.

"Vi, sim, eu o vi na estação", respondeu o homem. "Quando foi separado da avó, foi mandado com duas outras crianças para o outro lado dos trilhos, para lá."

E apontou para a direita, em direção à "padaria".

"No Bloco 2", interveio o rapaz, "há um escritório onde os presos são registrados e tatuados. Vá até lá, depressa! Diga-lhes que seu filho tem 12 anos. Talvez a senhora consiga que ele seja readmitido no campo."

Corri até o Bloco 2.

"Para onde está correndo desse jeito?", perguntou um detento alemão.

Ele vestia o uniforme de prisioneiro, com um triângulo verde no peito. O triângulo verde indicava origem alemã. Eram os assassinos comuns, que muitas vezes exerciam funções importantes no campo.

"Vou tentar que transfiram meu filho para um grupo de trabalho", respondi.

"Onde ele está?"

"Eu não sei, mas ontem foi levado para o outro lado dos trilhos."

"Então, não pense mais nele", aconselhou o homem, com um gesto de resignação.

"Eu preciso encontrá-lo."

Eu não estava chorando, mas senti meus olhos se encherem de lágrimas.

"É tolice", disse ele. "Não adianta tentar encontrar alguém aqui."

"Eu quero encontrar meu filho!", repeti, obstinada.

"Deveria se preocupar com seus próprios problemas", ele insistiu. "Ainda é jovem, pode salvar a sua pele. Se mostrar que pode ser razoável, talvez receba o que precisa para comer e vestir. Na verdade, é só isso que importa."

Uma mulher em um uniforme da SS apareceu correndo. Carregava um chicote com tiras de couro e fios de arame. Reconheci Hasse, uma das temidas comandantes do campo.

O criminoso alemão estendeu uma das mãos à minha frente, num gesto de proteção. "Não bata nela", ele disse. "Ela é 'novata'. Está procurando pelo filho. Eles o levaram para o outro lado dos trilhos ontem."

O criminoso piscou para ela e a comandante pareceu se acalmar. Ele era um tipo fisicamente atraente, enquanto ela era uma criatura gorda e feia. Ela me ignorou e encarou o criminoso com intensidade. Fome e luxúria ardiam naquele olhar. Essas coisas ficavam claras no campo.

Ele usava uma roupa relativamente limpa e, fato raro, sua cabeça não estava raspada. Mas, claro, ele não era um preso político; era um homicida.

A mulher riu e se aproximou dele. Corri, porque, daquela vez, eu tinha sido poupada de uma surra. Meu atraente protetor conseguiu piedade para mim de uma mulher da SS. Aquele era o mundo às avessas criado pelos alemães.

5

CHAMADA E "SELEÇÕES"

Eu já sabia que havia "seleções" feitas periodicamente no campo e, nelas, novas vítimas eram escolhidas para seguir para os fornos crematórios. No entanto, eu ainda não sabia que a chamada era usada para dizimar as internas.

Havia duas chamadas diárias, a primeira, ao amanhecer, a segunda, por volta das 03h da tarde. Nessas horas, tínhamos que estar presentes. Antes que a chamada realmente acontecesse, esperávamos por várias horas. Enquanto esperávamos, não importava que tempo fizesse, tínhamos que ficar em pé; 1,4 mil mulheres diante de cada barracão, 35 mil em todo o campo, 200 mil em todos os campos da região de Birkenau-Auschwitz. Quando nos acusavam de infringir alguma regra, devíamos nos ajoelhar e esperar na lama e na sujeira.

De madrugada, tremíamos de frio, sobretudo quando chovia, o que era bem frequente. Durante o inverno, a chamada era sempre feita nas mesmas condições, sob neve ou geada. Tentávamos nos comprimir umas nas outras, como um bando de ovelhas, mas nossas guardas encasacadas estavam atentas. Chamadas à atenção, devíamos observar as distâncias regulamentares.

Nas tardes de verão, prevalecia o outro extremo, e o sol nos escaldava com raios ardentes. Transpirávamos até que os trapos imundos se colassem à nossa pele. Éramos sempre torturadas pela sede, mas não ousávamos sair da fila em busca de uma gota de água. A sensação de sede e boca seca está intrinsecamente ligada a todas as minhas lembranças do campo, pois nossa cota diária não ultrapassava meio copo de água, no máximo dois goles.

Todas tinham que estar presentes à chamada, incluindo as enfermas. Mesmo as que estivessem com escarlatina ou pneumonia. Todas as internas doentes que não conseguiam ficar em pé eram colocadas num cobertor na primeira fileira, ao lado das mortas. Os SS não abriam exceção nem mesmo para as que haviam morrido.

No começo, algumas prisioneiras tentaram trapacear, e não compareciam à chamada para se poupar do frio e do cansaço. Sua ingenuidade lhes custou caro. Às vezes, uma prisioneira não aparecia, porque dormira demais. Esses episódios eram catastróficos. As ausentes precisavam ser encontradas, e não podíamos sair das fileiras, até que elas fossem localizadas. As guardas perdiam a cabeça. Elas nos contavam e recontavam. Outras corriam de bicicleta de um lado para outro, entre o escritório do comandante e os barracões. Algumas revistavam as *koias*. O campo inteiro ficava em alerta.

Os personagens mais exaltados pareciam considerar tal acontecimento uma ausência! E quem eram eles? Na maioria, as mulheres da SS, estranhas silhuetas em suas grandes capas de chuva negras. Pareciam abutres espreitando as prisioneiras. Apesar de suas capas e boas roupas, nunca hesitavam em se abrigar quando chovia. Muitas vezes, sequer se preocupavam em assistir à chamada. Só as prisioneiras tinham que aguentar as inclemências do tempo. Ainda assim, nos consolávamos ao conseguir beber algumas gotas de chuva para molhar nossas gargantas.

Além das chamadas de rotina, havia as especiais. Um gongo soava e a palavra fatídica "Chamada" era repetida por todos os barracões. Quando ouvíamos a ordem – não importava onde estivéssemos, nas cozinhas, nos lavatórios ou nas latrinas –, corríamos como possessas para o ponto de encontro.

Nessa hora, ouvia-se um burburinho no campo. Quando entrávamos na fila, não havia o que fazer além de esperar pelos comandantes, muitas vezes de joelhos, consumidas por ódio e medo. As atrasadas ou as escondidas sempre eram descobertas. As pobres almas eram pisoteadas pelas *kapos* que, como os oficiais responsáveis pelos *kommandos*, competiam entre si por tais "corretivos", embora também fossem prisioneiras, e deixavam as "culpadas" com os ossos quebrados e os rostos ensanguentados.

Nessas chamadas especiais, prisioneiras de todas as nacionalidades e classes sociais eram reunidas. Uma das minhas companheiras era a esposa de um oficial de carreira do Exército, original da Cracóvia; outra era uma operária parisiense. Ouvi os lamentos de uma camponesa ucraniana, as juras de uma prostituta da Saxônia, as preces de tchecas cobertas de dor.

"Por que está aqui?", perguntávamos umas às outras.

As respostas variavam: "Um alemão foi morto em nossa cidade".

"A Gestapo me tirou de dentro de um cinema."

"Eles me pegaram quando eu saía da igreja com meus dois filhos. Nem ao menos pude avisar meu marido."

"Eu sou judia."

"Eu sou cigana."

Mas a resposta mais frequente era: "Não faço a menor ideia de por que estou aqui".

A maioria das internas de Auschwitz se resignava com seu destino e criava uma filosofia simplória: uma fora pega pelos alemães por ter tido azar, outras ainda estavam livres e em casa por terem sorte.

Havia algumas internas muito jovens, muitas quase crianças em nosso campo. Eram obrigadas também a comparecer às chamadas. Com a permissão dos alemães para viver um pouco, essas meninas de 13 ou 14 anos compartilhavam todas as provações da vida no campo. E, no entanto, eram privilegiadas, em comparação às crianças judias com a mesma idade imediatamente mandadas para as câmaras de gás.

O tratamento que as crianças recebiam era inacreditável. Como castigo, eram forçadas a passar horas de joelhos, às vezes olhando para o sol causticante, às vezes com pedras na cabeça, outras com um tijolo em cada mão. Só pele e osso, aquelas crianças estavam sujas, famintas, esfarrapadas e descalças. Era uma visão deplorável.

Aconteceu de eu ouvir suas conversas. Falavam, como nós, das coisas que faziam parte da nossa existência diária no campo: morte, enforcamentos, fornos crematórios. Falavam com calma e realismo, como outras crianças de sua idade podiam falar sobre brincadeiras e trabalhos escolares.

Ainda penso naquelas chamadas. Por que eram feitas? Por que os administradores do campo se preocupavam tanto com elas? O objetivo era, sem dúvida, minar o moral dos deportados, mas também, ao nos manterem na lama, no frio ou calor, apressar o trabalho de extermínio, o verdadeiro propósito do campo.

* * *

As "seleções" eram feitas, em geral, durante as chamadas. As mulheres da SS, Hasse e Irma Grese,[8] ou o dr. Mengele, o dr. Klein e outros chefes nazistas assistiam à chamada. Escolhiam algumas prisioneiras, visando ostensivamente a uma possível "transferência".

Antes mesmo de vê-los, eu ouvira antigas prisioneiras dizer que o dr. Mengele e Irma Grese eram os chefes do campo e que ambos eram bonitos. Mesmo assim, surpreendeu-me o fato de serem realmente belos e bastante atraentes.

Havia, porém, nos olhos de Mengele uma selvageria inquietante. Durante as seleções, nunca dizia uma palavra. Só ficava lá sentado, assobiando para si mesmo, enquanto apontava o polegar para a direita, ou para a esquerda, indicando, assim, para que grupo a selecionada deveria ir. Embora estivesse tomando decisões que significavam o extermínio, ele era tão agradavelmente presunçoso quanto poderia ser qualquer outro homem.

Quando pus os olhos em Irma Grese, tive certeza de que uma mulher tão linda não poderia ser cruel. Porque era realmente um "anjo" louro de olhos azuis.

---

8. Irma Ida Ilse Grese (Wrechen, 7/10/1923 – Hamelin, 13/12/1945) foi uma guarda feminina nos campos de concentração de Auschwitz-Birkenau, Bergen-Belsen e Ravensbruck durante a Segunda Guerra Mundial. Apelidada de "A Cadela de Belsen" pelos prisioneiros desse campo por seu comportamento sádico e perverso, foi uma das mais cruéis e notórias criminosas de guerra nazistas. Acabou executada na forca pelos Aliados após o julgamento em Lüneburg. (N.T.)

Algumas vezes, escolhiam prisioneiras para as fábricas de guerra, mas em geral só selecionavam para as câmaras de gás. A cada vez, separavam de 20 a 40 pessoas por barracão. Quando a seleção era feita em todo o campo, de 500 a 600 prisioneiros eram mandados para a morte.

Os escolhidos eram no mesmo instante cercados por *stubendiensts* que deviam, sob pena de sofrer castigos terríveis, evitar que fugissem. Os homens e as mulheres condenados eram levados para a entrada principal. Lá, um caminhão aguardava para transportá-los até as câmaras de gás. Quando havia superlotação nas instalações mortíferas, as pessoas eram mandadas para barracões especiais, ou para os lavatórios, e esperavam ali por horas, por vezes dias, até chegar a hora de serem asfixiados. Tudo feito com muita ordem, sem qualquer sentimento de compaixão por parte dos nossos captores.

Além das chamadas, havia outro evento denominado *zahlappel*, que acontecia dentro do barracão. De repente, o local era isolado e o médico-chefe da SS, assistido por uma médica responsável pelas deportadas, também ela uma prisioneira, entrava e se preparava para fazer seleções adicionais. As mulheres recebiam ordens de remover os trapos. Então, com os braços erguidos, desfilavam diante do dr. Mengele. Não faço ideia do que ele via naquelas figuras alquebradas. Mas escolhia suas vítimas. Ordenavam que subissem num caminhão e eram levadas dali, completamente nuas. Esse espetáculo era sempre trágico e humilhante. Humilhante para as pobres sacrificadas e para toda a humanidade. Porque aquelas criaturas desgraçadas levadas para os abatedouros eram seres humanos – como você e eu.

6

O CAMPO

Ao final da chamada, podíamos voltar às nossas *koias*, ou ir às latrinas. Eu aproveitava aquela relativa liberdade para fazer algumas "excursões" e dimensionar a organização daquelas grandes instalações prisionais. O campo era dividido pela *Lagerstrasse*, a avenida principal, que se estendia por 500 metros e era ladeada por 17 barracões de cada lado, os números pares à esquerda, os ímpares à direita. Como disse antes, os prédios foram originalmente construídos para serem estábulos. Agora, um fora destinado para as latrinas, outro para os lavatórios. O Barracão 1 era o *schreibstube*, os escritórios onde trabalhavam cerca de dez deportados. Ali ficava também a casa da *lageraelteste*, a rainha não coroada do campo. O título se referia à mulher que estivesse ali há mais tempo, embora não fosse a "decana" das internas. A *lageraelteste* era uma jovem professora do jardim de infância de uma pequena cidade tcheca. Os alemães a escolheram por seu título, conferindo-lhe a maior autoridade entre as deportadas. A única restrição à sua liberdade era não ter permissão para sair dos limites do campo. Fora isso, reinava como senhora suprema sobre as 30 mil mulheres do campo e só prestava contas aos alemães. Nunca, em sua cidade natal, ela poderia ter sonhado com tamanha autoridade.

A corte da *lageraelteste* era formada pela *lagerkapo*, a chef-adjunta do campo, pela *rapportschreiber*, a chefe de gabinete, e pela *arbeitdienst*, a chefe de serviço. Cada uma dessas dignitárias tinha seu próprio quarto, que, embora não fosse luxuoso, era um paraíso comparado aos buracos imundos em que viviam as deportadas comuns. Também as *blocovas* tinham pequenos quartos, arrumados de forma pessoal e atraente, e muitas vezes decorados com pufes e almofadas. Em troca dos vários serviços prestados aos alemães, as diretoras tinham permissão para escolher suas assessoras entre as outras deportadas.

Com frequência, sobrevinham situações irônicas. Uma *blocova*, que trabalhara como empregada doméstica para fazer todo o serviço, escolheu, como criada pessoal, sua ex-patroa. E a mulher escovava os sapatos e remendava os farrapos da ex-empregada.

Uma hierarquia menor reinava em nosso barracão. A *blocova* estava no topo. Era ajudada por sua *vertreterin*, ou representante; e sua *schreiberin*, ou secretária, cuja atribuição especial era editar as chamadas e os relatórios; pela médica (cujas funções eram totalmente fictícias, já que não havia remédios); pelas enfermeiras e pelas *stubendiensten*, que eram sempre de seis a oito.

As policiais femininas do campo eram escolhidas entre as internas. Usavam uniformes azuis. Seu principal dever era expulsar todas as que chegassem perto demais das cercas de arame farpado, fosse para se comunicar com os detentos de outras áreas, ou qualquer outro motivo. Quando chovia, as guardas se embrulhavam em lençóis, o que lhes dava uma aparência de fantasma, sobretudo à noite. Havia também algumas mulheres trabalhando como bombeiras, lixeiras e coletoras de corpos.

A equipe da cozinha era formada por 400 mulheres. Parte do Barracão 2 era reservada para elas, também privilegiadas. Não comiam a comida comum, salvo em caso de punição. Preparavam refeições especiais para si mesmas. Requisitavam boa parte da comida destinada ao campo, em especial as batatas, das quais nunca vimos sequer uma lasquinha. Beneficiavam-se também de generosas porções de conservas e margarina, para consumo próprio e para servir de moeda de troca. Com essa barganha, podiam conseguir roupas indispensáveis. O termo *mussulmen*, usado para descrever os esqueletos ambulantes tão numerosos em Auschwitz, nunca poderia ser aplicado a elas.

No entanto, essas moças da cozinha muitas vezes executavam tarefas difíceis. Algumas descarregavam caminhões de madeira, carvão e batatas. Outras passavam o dia inteiro fazendo a limpeza, ou realizando trabalhos de condenadas, com os pés quase sempre imersos na água. Suas mãos deformavam, os pés ficavam cobertos de eczemas. Quando eram flagradas roubando, eram obrigadas a correr pelo campo por horas a fio, carregando pedras pesadas nas mãos. Raspavam uma faixa de cabelo de 7 centímetros no meio da cabeça. Os alemães chamavam aquilo de "esporte".

Era difícil dizer quais internas recebiam tratamento pior. A maioria, fôssemos prisioneiras políticas, raciais ou criminosas, era reduzida a uma existência animal. Mas os judeus e russos eram tratados com crueldade. Por outro lado, os prisioneiros alemães, fossem criminosos comuns, pervertidos ou presos políticos, eram beneficiados com alguns privilégios. Constituíam boa parte dos funcionários do campo e, fossem quais fossem seus deveres, nunca eram escolhidos na temida "seleção".

* * *

Dois barracões foram transformados em lavatórios. Duas tubulações de metal passavam através deles, levando água para as torneiras colocadas a cerca de 1 metro de distância. Sob os canos havia uma espécie de cocho, para recolher a água. Na maioria das vezes não havia água alguma.

A água era aberta uma ou duas vezes por dia e, por cerca de uma ou duas horas, tínhamos, teoricamente, liberdade para nos lavar. A princípio, o "lavatório" seria o lugar para nos limpar. Ali tínhamos que lavar a boca e pentear o cabelo. Só que era praticamente impossível fazer isso, mesmo quando havia água.

Todos os dias, uma multidão se aglomerava do lado de fora. Aquela manada de mulheres sujas e fedorentas inspirava um profundo nojo das companheiras e até mesmo de si mesmas. Não nos reuníamos com intenção de nos lavar, mas esperando saciar a sede constante. De que adiantava ir até lá para nos limparmos, se não tínhamos sabão, escovas de dente ou pente?

Nossa cota de água era absurdamente ínfima. Torturadas pela sede, nunca perdíamos a chance de trocar nossas magras provisões de pão ou margarina por um copo de água. Melhor passar fome do que sentir aquele fogo do inferno a nos consumir permanentemente a garganta. A água que corria pela tubulação enferrujada do lavatório cheirava mal, tinha uma cor muito estranha e dificilmente era potável. Mas nem por isso deixava de ser uma alegria dar alguns goles, mesmo que tivéssemos que pagar o alívio temporário com uma crise de disenteria, ou qualquer outra doença. Aquela era melhor que a água da chuva estagnada nas poças; algumas prisioneiras a sorviam como cães e morriam.

O lavatório seria um bom campo de observação para um moralista. Às vezes, uma interna conseguia se limpar um pouco melhor, ultrapassando todas as dificuldades. Mas quase sempre se dava mal. Na maior parte das vezes, não era capaz de encontrar as roupas onde as havia deixado por terem sido roubadas. No campo, roubar se tornara uma ciência, uma arte. A ladra sabia que suas vítimas seriam obrigadas a sair nuas, e teriam de se sujeitar a terríveis surras pelos alemães. Mulheres que tinham sido mães de famílias honestas, que jamais roubaram um alfinete, tornaram-se rematadas e insensíveis ladras, sem nenhum pingo de remorso.

Que preços pagávamos por um copo de água! Às vezes, no momento exato em que alguém levava a água – para nós, adorado líquido – aos lábios, outra interna lhe arrancava o copo das mãos. O que podíamos fazer? As leis não escritas do campo não sancionavam tal agressão. Isso não acalmava as vítimas naquela selva. Talvez os alemães quisessem nos contaminar com sua própria moral nazista. Na maioria das vezes, conseguiam.

* * *

Duas cabanas eram destinadas às latrinas. Cada latrina consistia numa fossa pavimentada com cerca de um metro de profundidade. Em cima, havia duas enormes caixas de cimento, com mais ou menos 70 centímetros de altura. Em cada uma, havia dois buracos para atender às necessidades da nossa população. Havia cerca de 300 cabanas como essas no campo.

Precisavam ser limpas todos os dias. Para essa tarefa, nossos captores preferiam os intelectuais – médicos ou professores.

Nas horas "livres", o acesso a essas latrinas não era mais fácil que aos lavatórios. Tínhamos que empurrar quem estivesse na nossa frente para entrar e, uma vez dentro, era preciso esperar a vez. Se alguém estivesse com pressa, estaria exposto a sérios castigos. Ainda assim, era muito difícil não ter pressa, uma vez que um grande número de prisioneiras sofria de enterite crônica. Essa enfermidade era responsável pela sujeira ao redor das latrinas. As doentes incapazes de se segurar aliviavam-se perto dos barracões. Se fossem descobertas, eram barbaramente espancadas pelos supervisores. A absoluta falta de papel higiênico era outro problema que impossibilitava a higiene pessoal, sem falar na limpeza das latrinas.

Com frequência, detentos de ambos os sexos se viam lado a lado nos lavatórios e nas latrinas. Muitos homens trabalhavam na manutenção das estradas e em outras tarefas nos campos femininos. Quando os lavatórios não estavam cheios, transformavam-se em "salões", principalmente ao meio-dia, porque alguns internos levavam seus "almoços". Ali se ouviam as notícias, e era onde acontecia grande parte do comércio do mercado negro.

Outro local onde nos reuníamos era o canto do lixo, pois ali podiam ser encontrados muitos objetos preciosos.

Eu precisava demais de um cinto para segurar minhas calças. No depósito de lixo, por uma sorte incrível, encontrei três pedaços de barbante que podiam ser emendados para aquela finalidade. Encontrei também um pedaço liso de madeira, que podia afiar para fazer uma faca.

No mesmo dia, a sorte me sorriu outra vez. Uma das minhas companheiras de *koia* me deu um presente digno de rainha: dois pedaços de pano. Não precisei pensar muito para decidir o que fazer com eles. Um me servia de escova de dente, o outro, de lenço. Eu estava muito resfriada e, apesar de todos os meus esforços, nunca consegui assoar o nariz apenas com os dedos. Confesso que invejava as companheiras que faziam isso.

Eu não tinha bolsos, então prendi os dois acessórios higiênicos no meu novo cinto, perto da faca de madeira. Aquelas novas aquisições me encheram de orgulho. Eu me sentia uma mulher rica no campo.

7

UMA PROPOSTA EM AUSCHWITZ

Três semanas depois de ter chegado a Auschwitz, eu mal conseguia acreditar. Vivia como se estivesse num sonho, esperando alguém me acordar.

As prisioneiras gritavam, discutiam e se feriam. O murmúrio me soava vagamente como o ruído de uma horda de animais. Da minha *koia*, olhava para o barracão como se o visse através de um véu, infeliz e apática.

Em meio àquele concerto de desgraças, ouvi, de repente, uma voz gentil. Levantei-me e espiei para o alto da *koia*. Um belo homem de olhos azuis e uniforme listrado se debruçara do terceiro nível. Fiquei surpresa em ver um homem ali. Aquele era um barracão para mulheres.

Desde cedo, ele estava consertando os beliches, mas eu tinha ficado tão letárgica que não o ouvira martelar. Ele me olhou e disse: "Ânimo! O que há com você?".

Encarei-o, mas não respondi. Então, o homem desceu. Observei que ele era alto. Os olhos eram de um azul-claro brilhante, e embora o cabelo estivesse raspado, na raiz era castanho. Ele sorria. Aquilo me chamou a atenção. Como era possível um homem sorrir naquele campo? Eu havia encontrado alguém que não sucumbira à degradação espiritual.

Ele continuou a falar e me envolveu numa conversa. Soube que era polonês e que estava havia quatro anos em campos de prisioneiros desde a queda de Varsóvia. Rindo, disse-me ser carpinteiro. Às vezes, limpava latrinas ou trabalhava com o pessoal da estrada.

Desde então, o polonês foi ao campo todos os dias para consertar as camas. Conversávamos e nos tornamos amigos. Depois de algum tempo, comecei a esperar por suas visitas com ansiedade. Eu não esperava por ele como homem. Sua voz era a única que me soava humana.

Os trabalhadores tinham permissão para descansar por uma hora, em geral, por volta das 11h da manhã, a julgar pela posição do sol. Um dia, ao sair, disse-me para segui-lo. Fiquei grata pelo convite e o acompanhei. Até aquele instante, nunca me ocorreu que eu poderia sair do barracão por um momento.

Segui-o bem de perto. Chegamos a uma clareira, onde trabalhadores estavam cozinhando alimentos numa fogueira. Para minha perplexidade, meu amigo, que se chamava Tadek, cultivou duas batatas, um raro tesouro, e as colocou para ferver numa panela. Meus olhos seguiam todos os seus gestos.

Era como uma brincadeira de crianças. Tadek me deu uma batata. Sentou-se à minha frente e começou a devorar a outra. Aquele foi o primeiro pedaço de comida que consegui manter no estômago. Até então, vomitara tudo o que engolia no campo.

Tadek tinha outra surpresa. Ele me deu um xale.

"Você precisa enrolar isso na cabeça. Deve ser algo terrível para uma mulher andar por aí sem um fio de cabelo", disse ele.

Eu estava maravilhada. Queria agradecer, mas não sabia se conseguiria abrir a boca sem começar a chorar.

"Você virá todos os dias dividir as batatas comigo", ele continuou. "E talvez eu consiga 'organizar' outras comidas e, quem sabe, alguma roupa."

Ele ficou em pé ao meu lado. Então, como se falasse consigo mesmo, disse: "É estranho, mesmo sem cabelo e vestida com trapos, há algo muito desejável em você".

Senti seu braço em torno da minha cintura. A outra mão me tocou e começou a acariciar meu seio.

Meu mundo desmoronou outra vez. Eu já tinha contado a ele o que me acontecera – que eu perdera minha família! Será que não compreendia como eu me sentia? Eu queria ser amiga do ser humano que havia nele, não partilhar de sua luxúria.

Mais tarde, soube que aquela era a forma mais gentil de fazer amor em Auschwitz. A abordagem comum era muito mais rude e sem rodeios. Fiquei ali em pé, em silêncio, as lágrimas escorrendo pelo rosto.

Ele ficou constrangido.

"Não grite", resmungou. "Se não quiser agora, eu espero. Se mudar de ideia, me avise. Você me verá no trabalho."

O gongo soou, e ele se afastou.

Como forma de despedida, Tadek acrescentou: "Enquanto isso, podemos conversar, mas não ganhará comida. Não tenho muita e, com o pouco que tenho, preciso conseguir minhas mulheres. Com toda essa desgraça e nervosismo, precisamos delas mais que na vida normal. Mulheres são baratas, mas é quase impossível encontrar um lugar onde possamos estar seguros. Os alemães nos observam o tempo todo e, se formos flagrados, pagamos com a vida".

Ele, então, se envergonhou.

"Você não compreende. Estou sempre com frio e com fome. Eles me espancam o tempo todo, e nunca sei quando levarei um tiro. Você é novata, ainda vai mudar. Daqui a algumas semanas você vai entender."

Todos os dias, Tadek entrava em nosso barracão e levava um embrulho de comida – não para mim – para outra mulher. Sempre que passava por mim, me oferecia comida. Às vezes, não trocávamos nenhuma palavra. Ele me oferecia um embrulho e eu virava a cabeça. Dia após dia, eu ia ficando mais magra, e o sorriso dele se mostrava mais sarcástico quando eu recusava as ofertas. Depois de algumas semanas eu mal conseguia andar, e eram frequentes meus desmaios durante a chamada. Mas eu estava decidida a não ceder.

Ainda assim, sabia que não poderia continuar daquela maneira.

Resolvi ir até o lavatório, onde me disseram que os homens, reunidos na hora do descanso, às vezes dividiam sua comida com as mulheres. Rezei para encontrar ao menos uma pessoa que tivesse pena de mim.

Ao chegar, vi as prisioneiras vigiando os guardas. Elas fingiam estar trabalhando, porque era estritamente contra as regras as mulheres entrarem enquanto os homens estivessem ali.

A cena era desanimadora. Nos fundos do barracão imundo, homens tomavam sopa em latas sujas que encontraram no depósito de lixo.

O lugar estava apinhado de gente. Homens e mulheres amontoados por todos os cantos. Casais se agarravam, e não deixavam de falar. Outros estavam sentados junto à parede, abraçados. Alguns estavam envolvidos em transações do mercado negro. O fedor de corpos imundos se misturava ao cheiro rançoso de mofo da comida e à umidade geral. O ar era irrespirável.

Em outra parte do campo, outra cena se desenrolava. Um novo transporte acabara de chegar e os gritos de mulheres e crianças sendo separadas na primeira seleção, ao desembarcar dos trens, elevaram-se acima das conversas no lavatório. As chamas das chaminés dos crematórios subiam em direção ao céu.

Mal passei da entrada quando tive vontade de correr. Mas não consegui. Meu estômago estava destroçado por uma dor torturante que era mais que apenas fome.

Um idoso encostado na parede a um canto comia algo de uma lata. Era uma visão horrenda, mas talvez por isso senti que poderia confiar nele. Tinha uns 55, 60 anos. Na boca, não lhe restava nenhum dente. Seu rosto tinha marcas de varíola e estava coberto de cicatrizes. Havia cistos sebáceos em sua cabeça. E, como se o destino já não tivesse lhe pregado peças suficientes, tinha só um olho.

No líquido escuro da lata, flutuavam duas pequenas batatas. Batatas! Olhei fixamente, cobiçando-as, enquanto ele as roía. Mas só conseguiu comer a parte de fora. O interior ainda estava cru e duro demais para suas gengivas desdentadas. O que não conseguia comer deixava cair de volta na lata. Ele bebeu sua "sopa" escura e sobraram as batatas. Olhou em volta. Estaria procurando alguém com quem dividir aquele presente dos deuses? Ele me viu olhando para ele, faminta. Com um sorriso, que de tão distorcido e medonho achei que fosse enlouquecer, me ofereceu os restos de seu almoço. Agarrei o presente e comecei a comer. De repente, uma mulher saltou em cima de mim e arrancou as batatas da minha mão.

"Seu porco imundo!", ela guinchou para o velho. "Você deu a comida para outra pessoa?"

"Vá pro inferno!", ele respondeu. "Eu faço o que eu quiser. Ela é mais moça do que você."

Ele tirou a mulher de cima de mim, jogou-a no chão e chutou-a. Os soluços da mulher atraíram os outros ocupantes do lavatório. Todos, até mesmo os amantes ocupados, se amontoaram em volta. Meu rosto ardia.

De repente, Tadek se aproximou.

"Estou surpreso em vê-la aqui, Vossa Alteza!", sorriu ele, sarcástico. "A senhora aguentou muito tempo. Isto aqui será melhor do que batatas meio comidas."

E me ofereceu o embrulho de sempre. Nós nos encaramos. Como eu o odiava! Segurei o embrulho e, com todas as minhas forças, atirei-o em cima dele. Depois, corri. Até hoje não lembro como consegui voltar.

Durante algum tempo, após esse último encontro, não tive nenhum contato com Tadek. No entanto, eu via Lilli, a mulher para quem ele passou a levar seus pacotes de comida. Quando, mais tarde, fui trabalhar na enfermaria, minha rival tornou-se uma visitante assídua ali. Eu gastava minha cota de pão para comprar no mercado negro um remédio raro para ela. Um remédio para combater a sífilis.

8

SOU CONDENADA À MORTE

Alguns dias pareciam intermináveis. A ociosidade forçada quase nos enlouquecia. Nossa única atividade eram as chamadas.

Eu estava magra como um esqueleto, vítima de febre e com ataques de tosse. Estava sempre resfriada. Peguei uma gripe no começo do verão, quando chovia e as temperaturas eram baixas. Um dia, sentindo-me especialmente doente, cobri as costas com um trapo de lã puída que tomei emprestado de uma companheira. Encorajada pelo meu exemplo, Magda, uma das minhas amigas, com dor de garganta, enrolou o pescoço com um pedaço de pano. Esperamos que a *fuehrerin*, a odiosa Hasse, não percebesse, e que pudéssemos tirar as roupas extras antes que ela nos visse.

Mas as coisas não acontecem como desejamos. Hasse percebeu no mesmo instante a mudança em nossa indumentária. Uma grave infração disciplinar. Deu-nos uma surra e, depois, querendo ainda se vingar, designou-nos para a "seleção". Assim, condenava-nos à morte por um lamentável pecadilho. Naquele dia em especial, as selecionadas incluíam algumas dezenas do nosso barracão. As *stubendiensts* nos escoltaram até a saída do campo. Mandaram-nos ficar ali e esperar. O caminhão que nos levaria às câmaras de gás ainda não tinha chegado. Por muitos dias, as seleções, as câmaras de gás e o forno crematório foram assuntos de conversa em nosso barracão. Minhas companheiras acreditavam que todas essas histórias não passavam de boatos fantásticos.

Eu já sabia que uma seleção significava ir para a câmara de gás. Muitas outras prisioneiras tomaram conhecimento desse segredo, mas era tão difícil fazer a maioria compreender como é difícil que o leitor entenda as condições em que vivíamos. Estávamos apenas a algumas centenas de metros da chamada "padaria", e podíamos sentir o cheiro adocicado que exalava daquele lugar.

As pessoas eram cremadas naquela "padaria". Entretanto, após meses de prisão, ainda havia quem não acreditasse que isso fosse possível.

Perguntei-me diversas vezes por que se recusavam a admitir a verdade. Talvez duvidassem por não querer acreditar, mesmo sendo empurradas para a câmara de gás. Magda era uma dessas otimistas.

Frequentemente eu vivia um dilema. Que atitude tomar diante daquelas que rejeitavam a ideia de que havia câmaras de gás e fornos crematórios? Deveria deixá-las continuar a pensar que a história toda não passava de boatos sem fundamento, um ardiloso instrumento nas mãos das sádicas *blocovas* quando queriam nos amedrontar? Não era meu dever esclarecer minhas companheiras de sofrimento? Se eu não as convencesse da cruel verdade, elas poderiam ser voluntárias numa próxima seleção.

Enquanto esperávamos pelo caminhão, as *stubendiensts* e as internas alemãs deram-se as mãos e formaram um círculo à nossa volta. Movendo os lábios, convidei Magda para tentar escapar daquele círculo. Ela sacudiu a cabeça e respondeu: "Não, o campo é tão horrível que, não importa onde nos levem, só poderá ser melhor. Eu não vou fugir".

"Sua idiota", censurei-a. "Fomos escolhidas para ser punidas. É óbvio que o lugar para onde vão nos mandar só pode ser pior. Você vem comigo?"

"Não!"

"Então, tentarei ir sozinha."

Mas era mais fácil dizer do que fazer. Mal eu esboçara um plano de fuga, várias "selecionadas" gritaram: "*Stubendienst*! Alguém está tentando escapar".

Por que me traíram? Não sabiam que estavam indo ao encontro da morte, mas sabiam que as seleções não eram feitas para melhorar a situação. No entanto, sem coragem para arriscar outra atitude, invejavam quem se salvasse do destino comum.

Fui obrigada a permanecer nas fileiras, tremendo. Tentei me esgueirar o mais longe das minhas companheiras da linha de frente. Enquanto me ocupava com essas manobras, chegou o caminhão das câmaras de gás. Por instinto, o grupo recuou. De repente, por um milagre, vi uma vareta no chão. Em Auschwitz, uma vareta era um símbolo de poder e autoridade. Agarrei-a e me misturei a um grupo de *stubendiensts* de outro barracão. Então, corri a toda velocidade em direção às cozinhas. Magda, que, nesse meio-tempo, mudara de ideia, me seguiu. Como sempre, um bando de internas pairava em frente às cozinhas. Com ar de eficiência, comecei a arrumar os pratos. Depois, ofereci ajuda às carregadoras dos potes de sopa, indo assim de barracão em barracão, até conseguir chegar ao meu. Magda, que fez exatamente o mesmo que eu, desaparecera em outro bloco. Com dificuldade, troquei de roupa com outra prisioneira e me escondi na minha *koia*.

Tomei cuidado para não sair dali até a chamada seguinte. Uma ou duas internas ficaram perplexas ao me ver, mas expliquei calmamente que deviam ter me confundido com outra pessoa. Eu não fora selecionada de jeito nenhum.

A troca de roupa despertou alguma suspeita. Eu tinha certeza de que Hasse não me reconheceria entre 40 mil outras prisioneiras. Ainda assim, achei que seria melhor não ser vista com meu antigo traje.

Mas se a minha calma tranquilizou a maioria das companheiras, não enganou Irka, a *blocova*. No dia seguinte, fui despertada, ao amanhecer, pela *stubendienst*, que era a criada pessoal da *blocova*.

"Irka disse que quer suas botas agora mesmo, senão irá denunciá-la a Hasse."

Tentei protestar.

"Estou doente. Estou com febre. Está chovendo, e não tenho mais nada para calçar."

"Não se preocupe tanto", retrucou a leal *stubendienst*. "Irka vai trocar por um par de sapatos."

Estava selado o acordo!

Pela manhã, recebi dois tipos diferentes de sapato, dois pés esquerdos, bastante gastos e quase sem sola.

Mas não ousei me queixar. Eu não tinha feito um negócio tão ruim. Ainda estava entre os vivos.

9

A ENFERMARIA

Durante semanas não havia estrutura alguma para tratar os doentes. Não foi montado nenhum hospital para dar suporte à saúde, não havia nenhum remédio. Um dia, soubemos que teríamos enfim uma enfermaria. Mas outra vez usaram uma palavra pomposa para descrever uma realidade inexistente.

Eu me tornei membro da equipe da enfermaria. Como fui escolhida é outra história. Pouco tempo após a minha chegada, tomei coragem para pedir ao dr. Klein, o médico-chefe da SS no campo, que me deixasse fazer alguma coisa para minorar o sofrimento das minhas companheiras. Ele me repreendeu com brusquidão, pois era proibido se dirigir a um médico da SS sem permissão. No dia seguinte, porém, me procurou e declarou que daquele dia em diante eu seria a responsável pela comunicação com os médicos dos diferentes barracões. Ele perdia um tempo precioso ouvindo seus relatórios enquanto fazia as rondas. E precisava de ajuda.

Logo foi emitida uma nova ordem. Todas as prisioneiras com algum conhecimento de prática médica deveriam se identificar. Muitas se apresentaram. Como eu tinha experiência, fui designada para trabalhar na enfermaria.

O Barracão 15, talvez o mais dilapidado do campo, abrigaria o novo serviço. A chuva caía pelo telhado e as paredes tinham rombos enormes. À direita e à esquerda da entrada, havia dois pequenos cômodos. Um foi chamado de "enfermaria", o outro, de "farmácia".

Poucas semanas depois, um "hospital" foi instalado na outra extremidade do barracão, e pudemos reunir entre 400 e 500 pacientes.

Por muito tempo, só tivemos os dois pequenos cômodos. A luz vinha apenas do corredor, não havia água corrente, e era difícil manter o chão de madeira limpo, embora o lavássemos duas vezes por dia com água fria. Sem água quente e desinfetantes, não conseguíamos eliminar as manchas de sangue e de pus das fendas do assoalho.

O mobiliário da nossa enfermaria consistia de um armário de farmácia sem prateleiras, uma mesa de exames bamba apoiada em tijolos e outra mesa grande que cobríamos com um lençol para colocar os instrumentos. Dispúnhamos de pouco, mas tudo o que tínhamos estava em mau estado.

Sempre que precisávamos usar alguma coisa, enfrentávamos o mesmo problema: devíamos usar os instrumentos sem esterilizar, ou nos arranjaríamos sem eles? Após tratar um furúnculo ou antraz, teríamos de lancetar um abcesso menos grave com os mesmos instrumentos. Sabíamos que estaríamos expondo os pacientes a infecções. Mas o que mais poderíamos fazer? Foi um milagre nunca termos tido uma infecção séria devido a essa situação. Às vezes, nos perguntamos se a experiência nessa "enfermaria" não refutava todas as teorias médicas quanto à esterilização.

As internas em nosso campo totalizavam de 30 a 40 mil mulheres. E toda a equipe da nossa enfermaria era composta de apenas cinco! Desnecessário dizer que estávamos sempre atoladas de trabalho.

Levantávamo-nos às 04h da manhã. As consultas começavam às 05h. As doentes, que com frequência chegavam a 1,5 mil por dia, precisavam esperar a vez em fileiras de cinco. Dava pena contemplar aquelas filas de doentes, quase sem roupa, esperando humildemente, em pé, debaixo de chuva, neve ou geada. Muitas vezes, quando se esgotavam suas últimas forças, desmaiavam e caíam como pinos de boliche.

As consultas continuavam, sem trégua, do raiar do dia às 03h da tarde, quando fazíamos uma pausa para um período de descanso. Dedicávamos esse tempo à sopa, se ainda sobrasse alguma, e a limpar o chão e os instrumentos. Trabalhávamos até as 08h da noite. Às vezes, tínhamos partos à noite. Ficávamos esgotadas com o volume de trabalho. Confinadas a uma cabana, completamente privadas de ar fresco, sem exercício e repouso suficientes, não tínhamos qualquer esperança de descanso.

Embora desprovidas de tudo, até mesmo de curativos, nos entregávamos à nossa tarefa com fervor, estimuladas pela consciência de nossa grande responsabilidade. Quando sentíamos que havíamos atingido o limite de nossa resistência física, borrifávamos o rosto e o pescoço com algumas gotas de água. Precisávamos sacrificar aquelas poucas gotas para poder continuar. Mas o esforço interminável nos extenuava. Quando havia vários partos sucessivos, e éramos obrigadas a passar as noites em claro, ficávamos tão cansadas que cambaleávamos como bêbadas. Mas tínhamos uma enfermaria, e realizávamos uma atividade boa e útil.

Sempre me lembrarei da alegria que senti, ao completar meu primeiro dia de trabalho na enfermaria, por estar enfim livre para ir para a cama. Pela primeira vez em muitas semanas, não tínhamos que dormir na indescritível promiscuidade da *koia*, com a sujeira, os piolhos e o fedor. Havia apenas cinco trabalhadoras naquela sala relativamente grande.

Antes de deitar, nos dávamos ao luxo de fazer uma boa limpeza, graças à nossa nova bacia. O utensílio tinha dois furos, e só podia ser usado se os buracos estivessem tampados com migalhas de pão, mas o que importava? Era uma bacia que ficava em pé de verdade. O que ali chamávamos de sabão não passava de uma pasta grudenta de origem duvidosa e cheiro enjoativo, mas fazia espuma, ainda que pouca.

Tínhamos dois cobertores para as cinco usarem. Um deles, estendíamos no chão que não tínhamos tido tempo para limpar, e usávamos o outro para nos cobrir. Pelos padrões normais, não havia muito conforto. Choveu na primeira noite, e o vento entrava pelas fendas das tábuas. O telhado em ruínas deixava entrar a chuva, e muitas vezes precisávamos desviar das poças. No entanto, depois do barracão, aquilo era um paraíso.

De um dia para o outro, nossas condições de vida haviam melhorado. Desfrutávamos de certo grau de independência relativa, é claro, mas podíamos conversar, e tínhamos permissão para ir às latrinas quando necessário. Quem nunca se viu privado dessas pequenas liberdades não é capaz de imaginar quão preciosas são.

O estado de nossas roupas, porém, continuava o mesmo. Quando cuidávamos das doentes, usávamos os mesmos trapos que nos serviam de camisola, vestidos e tudo o mais. Mas as pacientes mal percebiam essa situação calamitosa, uma vez que todas nós parecíamos mais uns espantalhos, exceto as que usavam os uniformes de prisioneiras.

No começo, o pessoal da enfermaria dormia no chão da sala de consultas. Imagine nossa alegria quando, um dia, nos deram um "apartamento". Tratava-se de um velho mictório do Barracão 12, mas era nosso. O lugar era tão pequeno que mal cabiam dois catres estreitos. Por isso, adotamos o sistema de "andares", como nos barracões. Os beliches de três andares deram seis leitos. O pequeno dormitório passou a ser nosso domicílio particular. Ali, estávamos em casa. Muitas noites foram gastas em conversas, avaliando as possibilidades de libertação e a interminável análise dos últimos acontecimentos da guerra, conforme o que ouvíamos. Em raras ocasiões, um jornal alemão era contrabandeado para dentro do campo, e por longas horas examinávamos cada palavra, buscando um pingo de verdade entre todas as mentiras.

Muitas vezes, trocávamos recordações, falando dos que nos eram queridos, ou apenas discutindo os torturantes problemas do dia, como se devíamos condenar ou não um recém-nascido à morte para salvar a pobre mãe. Chegávamos a recitar poemas para acalmar nossas mentes, para esquecer, para abstrair o terrível cotidiano.

Os resultados obtidos em nossa enfermaria estavam longe de ser brilhantes. As condições deploráveis do campo só faziam aumentar a quantidade de doentes. Mesmo assim, nossos captores não aumentavam nossa equipe. Cinco mulheres eram suficientes. Poderíamos ceder parte dos remédios e curativos aos médicos que viviam em outros barracões, mas os alemães não permitiam.

Como é evidente, não conseguíamos cuidar de todos os pacientes. E muitos casos se agravavam por negligência: quando, por exemplo, precisávamos cuidar de gangrena. As infecções exalavam um cheiro pútrido, e as larvas se multiplicavam muito depressa. Usávamos uma grande seringa e desinfetávamos com uma solução de permanganato de potássio. Mas precisávamos repetir a operação dez ou doze vezes, e isso acabava com nossa água. Como resultado, sofriam as demais pacientes que ainda esperavam na fila.

A situação melhorou um pouco quando o hospital foi instalado em outra extremidade do barracão. Aquele espaço era reservado para quem requeria cirurgia, mas, em caso de necessidade, todos os tipos de infecção eram tratados. O hospital comportava de 400 a 500 pacientes, e estava sempre cheio. Além disso, a admissão era difícil, de modo que muitas vezes as doentes precisavam esperar por vários dias antes de serem internadas. Depois da chegada, tinham que deixar todos os seus pertences em troca de uma camisola inútil. Ainda eram obrigadas a dormir em *koias* com colchões de palha dura, mas apenas com um cobertor para quatro pessoas. E é claro que não se podia nem pensar em um isolamento clínico.

Entretanto, o pior perigo para as enfermas era a ameaça da "seleção", maior para elas do que para as prisioneiras com boa saúde. A seleção significava uma viagem para a câmara de gás, ou uma injeção de fenol no coração. Quem me falou do fenol pela primeira vez foi o dr. Pasche, um membro da Resistência. Quando os alemães desencadearam suas seleções em massa, era perigoso estar no hospital. A partir de então, encorajávamos quem não estivesse muito doente a permanecer em seus barracões. Mas, sobretudo nos primeiros dias, as internas se recusavam a acreditar que a hospitalização pudesse ser usada contra elas para acelerar sua ida para a câmara de gás. Ingênuas, imaginavam que as escolhas feitas no hospital e nas chamadas significavam transferências para outros campos, e que os doentes seriam mandados para um hospital central.

Antes que a enfermaria fosse montada, e eu tivesse sido designada para o serviço do dr. Klein, disse às minhas companheiras prisioneiras que deveriam até mesmo evitar parecer doentes. Mais tarde, nesse mesmo dia, tive que acompanhar o dr. Klein em sua ronda. Aquele homem era diferente dos outros SS. Jamais gritava, tinha bons modos. Uma das doentes dirigiu-se a ele: "Apreciamos sua gentileza, *Herr Oberarzt*".[9] E continuou, dizendo que algumas pessoas no campo imaginavam que os doentes eram mandados para as câmaras de gás.

O dr. Klein fingiu surpresa. Com um sorriso, disse: "Vocês não devem acreditar nas bobagens que dizem por aí. Quem espalhou esse boato?".

Tremi. Naquela mesma manhã eu contara a verdade para aquela pobre criatura. Por sorte, a *blocova* veio em meu socorro. Franziu a testa e censurou a falastrona com um olhar gélido.

A doente entendeu que falara demais e logo mudou de assunto. "Ah, eu não sei de nada", murmurou ela. "Dizem todo tipo de coisas por aqui."

Em outro hospital de campo, a Seção B-3, havia cerca de 600 deportados em agosto de 1944, consideravelmente muito menos que os nossos 35 mil. Havia ali quartos isolados para os casos contagiosos. Como era característico no modo irracional como os campos eram organizados, aquela seção, bem menor, tinha uma enfermaria dez vezes maior que a nossa, com quinze médicos em serviço. Em compensação, as condições higiênicas eram ainda mais miseráveis, já que ali não havia latrinas, apenas caixas de madeira ao ar livre, onde as prisioneiras ficavam expostas aos olhos dos SS e dos deportados.

Sempre que tínhamos casos contagiosos, precisávamos levá-las para o hospital daquela seção. Aquilo nos perturbava. Se ficássemos com os casos contagiosos, corríamos o risco de propagar as doenças. Mas, uma vez no hospital, as mulheres poderiam ser selecionadas. Como as ordens eram rigorosas, nos expúnhamos a severas punições se mantivéssemos os casos contagiosos. Além disso, o dr. Mengele fazia frequentes rondas e checagens. Desnecessário dizer que infringíamos as regras com a maior frequência possível.

A transferência dos casos contagiosos era um espetáculo penoso quando as doentes, ardendo em febre e enroladas em cobertores,

---

9. Senhor supervisor – em alemão no original. (N.T.)

caminhavam pela *Lagerstrasse*. As outras internas as evitavam como se fossem leprosas. Algumas das infelizes eram confinadas no *durchgangszimmer* (quarto de passagem), um cômodo de 3 × 4 metros, onde eram obrigadas a deitar no chão nu. Aquilo era a verdadeira antecâmara da morte.

Quem transpunha aquele portal para a destruição era de imediato removida das listas dos úteis e, em consequência, não recebia nada para comer. Assim, só lhes restava esperar a viagem definitiva. No fim, chegavam os caminhões da "Cruz Vermelha" e as doentes eram colocadas ali como sardinhas. Protestar era inútil. Empilhavam umas em cima das outras. O alemão responsável pela remessa fechava a porta e se acomodava ao lado do motorista. O caminhão começava a viagem para as câmaras de gás. Por isso receávamos mandar os casos contagiosos para o "hospital".

O sistema de administração era absolutamente ilógico. Era inacreditável ver como as ordens que se sucediam tinham pouco em comum. E isso se devia apenas em parte à negligência. Os alemães, ao que tudo indica, tinham a intenção de confundir as internas, minimizando o perigo de revolta. Os mesmos métodos eram utilizados nas seleções. Durante algum tempo, uma categoria de doentes era automaticamente selecionada. E, então, um dia, tudo mudava, e aquelas que sofriam da mesma enfermidade, como a difteria, eram postas sob tratamento em um quarto isolado, sob os cuidados das médicas deportadas.

Na maioria das vezes, era perigoso ter escarlatina, embora, de vez em quando, as que tinham essa doença fossem tratadas, e algumas até curadas. Eram devolvidas aos antigos barracões e seu exemplo convencia as demais que escarlatina não condenava ninguém à câmara de gás. Pouco depois, no entanto, a política tornava a mudar. Como saber no que devíamos acreditar?

Fosse como fosse, só em casos muito raros as doentes voltavam do hospital, e essas nunca foram transferidas para o *durchgangszimmer*, portanto não estávamos bem-informadas sobre as condições que havia lá. Aquele "hospital" continuava a ser um pavor para todas. Era cercado de mistério e cheio de perigo e morte.

* * *

Naquele hospital, testemunhei, certa vez, uma cena especialmente tocante. Eva Weiss, uma das enfermeiras, uma bonita judia da Hungria, contraíra escarlatina cuidando das pacientes. Exatamente quando descobriu que tinha sido contaminada, os alemães deixaram de tolerar a doença. Como o diagnóstico havia sido feito por uma médica alemã, a enfermeira sabia que a ida para a câmara de gás era certa. E que, em breve, a falsa ambulância chegaria para levá-la e todas as outras doentes que foram selecionadas.

As que suspeitavam da verdade caíam em desespero. Gemidos e lamentos ecoavam por todo o lugar.

"Garanto que não há nada a temer!", disse Eva Weiss, que também vinha de Cluj. "Vocês estão imaginando coisas terríveis. Na verdade, o que acontecerá é que seremos transferidas para um hospital maior, onde receberemos um tratamento melhor que este que temos aqui. Posso até mesmo lhes dizer onde fica esse hospital. É no campo dos idosos e das crianças. As enfermeiras são todas idosas. Talvez algumas de nós encontremos nossas mães. Afinal de contas, deveríamos nos dar conta da sorte que temos."

As doentes pensaram: essa enfermeira deve estar bem-informada. E suas palavras conseguiam acalmá-las.

Diante da porta fechada da ambulância, as outras enfermeiras deram seu último adeus a Eva, sua colega. Essa jovem heroína, com sua coragem fria, poupou as pobres companheiras da costumeira e torturante ansiedade. Melhor nem pensar no que ela sentiu a caminho da morte.

* * *

Presenciei centenas de casos trágicos. Nenhum livro poderá incluir todos. Mas um deles me emocionou particularmente.

Uma moça grega, de um barracão vizinho, foi trazida até nós. Mesmo devastada pela doença e magra como um esqueleto, ainda era muito bonita. Não respondia a nenhuma de nossas perguntas, e se comportava como se fosse muda.

Nossa maior especialidade era a cirúrgica e não compreendemos por que ela nos fora enviada. Sua ficha médica não indicava cirurgia.

Ela foi colocada em observação. Logo descobrimos que fora cometido um engano. A grega deveria ter sido mandada para a seção dos doentes mentais. Ela passava quase todo o tempo sentada, imitando os gestos mecânicos de uma tecelã. De vez em quando, exaurida pelo trabalho, perdia a consciência. Era impossível despertá-la por uma ou duas horas. Então, ela abria os olhos, sacudia a cabeça, e jogava os braços para cima, como se quisesse se proteger de uma surra.

No dia seguinte, foi encontrada morta. À noite, ela esvaziou o colchão para "fiar" a palha. Também rasgou a blusa em tiras muito finas, para ter mais material para sua roca imaginária. Já vi muitos mortos, mas poucos rostos me perturbaram tanto como o daquela moça grega. É quase certo que foi forçada a trabalhar em algum tear. E seus esforços nada lhe valeram além de surras. Ela sucumbiu, e o desesperado medo animal acabou por destruir seu equilíbrio mental.

10

UMA NOVA RAZÃO PARA VIVER

Em algumas ocasiões, chegavam homens à nossa enfermaria. Eram, em geral, internos que trabalhavam nos campos das mulheres. Quando, à tardinha, voltavam aos seus campos, suas enfermarias estavam fechadas. Não podíamos nos recusar a atendê-los, embora isso fosse estritamente *verboten*[10] pelos alemães. Tinham ferimentos provocados por acidentes de trabalho.

Entre esses doentes havia um senhor francês, que chamarei de L, e que era um visitante regular da enfermaria devido a uma ferida feia no pé.

L era uma pessoa encantadora e nós o recebíamos com alegria. Ele sempre nos trazia notícias reconfortantes sobre a situação militar e política na Europa. Enquanto cuidávamos de suas feridas, ele acalmava nossas almas perturbadas.

L era praticamente a única fonte de notícias do mundo externo que tínhamos. Pelo menos, dava-nos informações confiáveis e não boatos fantásticos. Pela atitude de nossos carcereiros, era impossível chegar a qualquer conclusão, pois pareciam considerar o campo como uma instituição permanente. Vista de Auschwitz-Birkenau, a guerra sangrenta acontecia muito longe e parecia quase irreal.

---

10. Proibido – em alemão, no original. (N.T.)

Na verdade, não vivíamos experiências de guerra, exceto por raros alarmes de ataques aéreos. Quando soavam as sirenes, os bravos SS fugiam do campo a toda velocidade para se esconder na floresta, parando apenas para nos mandar de volta aos nossos campos. Trancavam com cuidado todos os portões: os detentos ficavam expostos ao perigo das esperadas bombas, enquanto os SS buscavam abrigo.

Por eu estar passando por uma séria depressão nervosa, as notícias trazidas por L serviam de estímulo para meu espírito. No aspecto material, minha condição melhorara desde que eu começara a trabalhar na enfermaria. Ainda assim, minha vida parecia uma carga insuportável. Eu perdera meus pais e filhos, e nada sabia sobre meu marido, a única pessoa cuja existência poderia me manter na terra dos vivos. Eu estava mentalmente à beira do suicídio. Minhas companheiras viam que eu definhava a olhos vistos.

Um dia, L me chamou de lado.

"Você não tem o direito de jogar fora a sua vida", ele me censurou. "Se esta existência não faz mais sentido para você, pessoalmente precisa continuar, para ao menos tentar minimizar o sofrimento dos outros ao seu redor. Sua posição é perfeita para prestar serviços de várias maneiras."

Ele me lançou um olhar penetrante.

"É óbvio", continuou, "que isso não acontecerá sem riscos. Mas o perigo não é nosso pão de cada dia aqui? O essencial é ter um objetivo, um propósito."

Foi a minha vez de encará-lo.

"Estou às suas ordens. O que devo fazer?"

"Você pode fazer duas coisas para nós", respondeu ele. "Primeiro, pode, com cuidado, repassar as notícias que eu lhe trouxer. Isso é da maior importância para manter o moral de nossos internos. Concorda?"

A disseminação de "notícias falsas" era proibida pelos alemães, sob pena de morte. Mas o que era a morte? Nem ao menos pensei nisso.

"Segundo", prosseguiu ele, "seu trabalho a torna ideal para servir de correio. As pessoas lhe trarão cartas e embrulhos. Você os entregará conforme as instruções que receber. E nem uma palavra a ninguém, nem mesmo às suas melhores amigas. Porque, se for apanhada, ela será interrogada, e não queremos ninguém testemunhando contra você. Nem todo mundo consegue resistir à tortura. Acha que seria forte o suficiente para suportar a tortura?"

Fiquei em silêncio. Existiriam mais sofrimentos do que alguém poderia suportar? "Eu posso tentar ser forte."

Ele refletiu, depois acrescentou: "Outra coisa, precisamos observar tudo o que acontece por aqui. Mais tarde, escreveremos sobre tudo que vimos. Quando a guerra acabar, o mundo precisa saber sobre isso. Precisam conhecer a verdade".

Daquele momento em diante, tive uma nova razão para viver. Eu passei a fazer parte da Resistência. E tive a oportunidade de conhecer outros do movimento. Ainda assim, limitávamos nossas relações ao trabalho, não tentávamos saber o nome de ninguém. Essa advertência soava quase como obrigação para que, caso fôssemos apanhados e torturados, evitássemos trair os outros.

Por intermédio desses novos contatos, conheci os pormenores sobre as câmaras de gás e os crematórios.

* * *

No princípio, os condenados à morte em Birkenau levavam tiros na floresta de Braezinsky, ou eram asfixiados com gás na infame casa branca do campo. Os cadáveres eram cremados numa "vala da morte". Depois de 1941, quatro fornos crematórios foram postos em funcionamento, e o "rendimento" daquela imensa usina de extermínio aumentou enormemente.

No começo, judeus e não judeus eram igualmente mandados para os crematórios, sem distinção. Depois de junho de 1943, as câmaras de gás e os fornos crematórios eram reservados exclusivamente para judeus e ciganos. A não ser por retaliação ou erro, os arianos não eram mandados para lá. Mas, de modo geral, os arianos eram executados a tiros, na forca ou com injeção venenosa.

Das quatro unidades de crematórios em Birkenau, duas eram enormes e consumiam um número extraordinário de corpos. As outras duas eram menores. Cada unidade consistia de um forno, um amplo saguão e uma câmara de gás.

Acima de cada uma, elevava-se uma grande chaminé, em geral alimentada por nove fogueiras. Os quatro fornos em Birkenau eram aquecidos por um total de trinta fogueiras. Cada forno tinha grandes bocas. Ou seja, havia 120 bocas, dentro de cada uma podiam ser colocados três cadáveres por vez. Isso significava que podiam cremar 360 cadáveres por operação. Isso era apenas o começo da "meta de produção" nazista.

Trezentos e sessenta cadáveres a cada meia hora, que era o tempo necessário para reduzir a carne humana a cinzas, perfaziam 720 por hora, ou 17.280 cadáveres a cada turno de 24 horas. E os fornos, com assassina eficiência, funcionavam dia e noite.

É preciso, entretanto, levar em consideração as valas da morte, capazes de destruir outros 8 mil cadáveres por dia. Em números redondos, 24 mil cadáveres eram eliminados diariamente. Um admirável recorde de produção... que diz muito a favor da indústria alemã.

Quando ainda estava no campo, obtive diversas estatísticas detalhadas sobre o número de comboios que chegou a Auschwitz-Birkenau em 1942 e 1943. Hoje, os aliados sabem a quantidade exata desses contingentes, porque houve inúmeras testemunhas durante os julgamentos dos criminosos de guerra. Citarei apenas alguns exemplos.

Em fevereiro de 1943, dois ou três trens chegavam diariamente a Birkenau. Cada um deles tinha de 30 a 50 vagões. Esses transportes incluíam uma grande proporção de judeus e também outros inimigos do regime nazista – prisioneiros políticos de todas as nacionalidades, criminosos comuns e um número considerável de prisioneiros de guerra russos. A suprema especialidade de Auschwitz-Birkenau, porém, era o extermínio dos judeus da Europa, o elemento indesejável por excelência, segundo a doutrina nazista. Centenas de milhares deles foram cremados nos fornos.

Às vezes, os fornos ficavam tão lotados que não conseguiam dar conta do trabalho mesmo em turnos de 24 horas. Os alemães tinham, então, que cremar os cadáveres em "valas da morte". Eram trincheiras com cerca de 60 metros de comprimento por 4 metros de largura, providas de um eficiente sistema de drenagem para escoar a gordura humana.

Houve também ocasiões em que os trens chegavam em números ainda maiores. Em 1943, 47 mil judeus gregos foram levados para Birkenau. 39 mil foram executados de imediato. Os outros ficaram presos, mas morreram como moscas, incapazes de se adaptar ao clima. Gregos e italianos, talvez por estarem mais desnutridos antes da chegada ao campo, suportaram com mais dificuldade o frio e as privações. Em 1944, foi a vez dos judeus húngaros, e mais de meio milhão deles foram exterminados.

Os números que aponto aqui são apenas dos meses de maio, junho e julho de 1944. O dr. Pasche, um médico francês do *sonderkommando*, do crematório, que estava em posição de reunir estatísticas quanto às taxas de extermínio, conseguiu-me estes:

Maio de 1944	360 mil
Junho de 1944	512 mil
De 1º a 26 de julho de 1944	442 mil
	1,314 milhão

Em menos de três meses, os alemães "exterminaram" mais de 1,3 milhão de pessoas em Auschwitz-Birkenau.

* * *

Tive inúmeras oportunidades de testemunhar a chegada de novos comboios de deportados. Um dia, na companhia de três outras internas, mandaram-me buscar cobertores para a enfermaria.

Quando chegamos à estação, um trem tinha acabado de parar as máquinas. Os vagões de gado estavam sendo esvaziados dos seres humanos machucados e famintos que viajaram juntos, cerca de uma centena amontoada em cada carro. Daquela multidão enorme e miserável vinham gritos em todas as línguas da Europa: francês, romeno, polonês, tcheco, holandês, grego, espanhol, italiano – quem sabe quantas mais?

"Água! Água! Algo para beber!"

Quando cheguei, eu mesma vira tudo através de uma névoa de incredulidade e fora incapaz de perceber os detalhes; era muito difícil alguém acreditar no que estava vendo. Agora, aprendera a interpretar tudo. Reconheci alguns chefes da SS. Identifiquei o maldito Kramer, que os jornais passaram a chamar de "Besta de Belsen" e cuja poderosa presença dominava a cena. Sua máscara fria, sob o cabelo espetado, examinava os deportados com expressão dura e olhar penetrante. Olhando-o, fiquei hipnotizada, como se estivesse diante de uma cobra. Nunca esquecerei o sorrisinho de satisfação em seus lábios finos à frente daquela massa de humanidade tão absolutamente reduzida à mercê de sua vontade.

Enquanto os deportados eram desembarcados, a orquestra do campo, prisioneiros em pijamas listrados, interpretava temas melodiosos para dar as boas-vindas aos recém-chegados. As câmaras de gás estavam à espera, mas as vítimas precisavam ser amaciadas. As seleções na estação ferroviária eram feitas, em geral, ao compasso de lânguidos tangos, arranjos de jazz e baladas populares.

Ao lado, as ambulâncias aguardavam os doentes e idosos. Já descrevi a primeira seleção. Velhos, doentes e crianças com menos de 12 ou 14 anos eram mandados para a esquerda, o resto para a direita. À esquerda, significava a câmara de gás e o crematório de Birkenau; à direita, significava indulto temporário em Auschwitz.

Tudo precisava correr "à perfeição" naquela cerimônia lúgubre. Até mesmo as tropas da SS observavam escrupulosamente as regras do jogo. Tinham todo o interesse em evitar incidentes. Com tais táticas, alguns poucos guardas conseguiam manter a ordem entre aqueles milhares de condenados.

Episódios angustiantes aconteciam durante as separações das famílias, mas os nazistas não demonstravam sordidez. Quando uma moça insistia em não se separar de sua velha mãe, quase sempre cediam e deixavam a deportada se juntar àquela a quem não queria abandonar. Juntas, iam ambas para a esquerda – para a morte rápida.

Então, sempre ao som de música – era impossível, para mim, não pensar na lenda do "Flautista de Hamelin"[11] –, os dois cortejos começavam sua procissão. Nesse meio-tempo, as internas de serviço haviam reunido suas bagagens. Os deportados ainda acreditavam que poderiam recuperar seus bens ao chegar ao destino.

Outras prisioneiras colocavam os doentes nas ambulâncias da Cruz Vermelha. Ocupavam-se deles com ternura, até que as fileiras estivessem fora do alcance de visão, e então o comportamento daqueles escravos da SS mudava radicalmente. Com brutalidade, jogavam os doentes nos caminhões de despejo, como sacos de batatas, uma vez que as ambulâncias já estavam lotadas. Assim que estivessem todos enfiados lá dentro, gemendo e gritando de puro terror, a carga era levada para os fornos crematórios.

Graças às provas concretas que obtive por meio do dr. Pasche e de outros membros da Resistência, posso reconstruir as últimas horas de vida dos que eram mandados para a esquerda!

Ao som das cativantes melodias tocadas pelos músicos prisioneiros, cujos olhos ficavam encharcados de lágrimas, o cortejo dos condenados partia para Birkenau. Felizmente, inconscientes do destino que os aguardava. Viam um conjunto de prédios de tijolos vermelhos de aparência agradável, e presumiam que se tratasse de um hospital. As tropas da SS que os escoltavam se comportavam com irrepreensível "correção". Não chegavam a ser polidos com os selecionados do campo, com quem não precisavam lidar com luvas de pelica, mas os recém-chegados tinham que ser bem-tratados até o final.

Os condenados eram conduzidos por um longo duto subterrâneo chamado "Local B", que lembrava o corredor de um balneário. Ali podiam ser acomodadas até 2 mil pessoas. O "diretor dos banhos", de jaleco branco, distribuía toalhas e sabão – um detalhe adicional no imenso espetáculo. Os prisioneiros, então, tiravam as

---

11. "O flautista de Hamelin" é um conto folclórico, reescrito pela primeira vez pelos Irmãos Grimm e que narra um incidente incomum em Hamelin, Alemanha, ocorrido em 26 de junho de 1284: quando um flautista é bem-sucedido em atrair os ratos para fora da cidade mas não recebe o pagamento por seu feito, hipnotiza as crianças do local e nunca mais as devolve. (N.T.)

roupas e dispunham todos os seus objetos de valor sobre uma grande mesa. Abaixo dos cabides havia tabuletas onde se lia em todos os idiomas europeus: "Caso desejem recuperar seus pertences ao sair, por favor, anotem o número do seu cabide".

O "banho" para o qual os condenados estavam sendo preparados não era senão a câmara de gás, que ficava à direita do corredor. Esse cômodo era equipado com diversos chuveiros, cuja visão exercia um efeito tranquilizador para os deportados. Mas o equipamento não funcionava e nenhuma água chegava àquelas torneiras.

Uma vez que a estreita e baixa câmara de gás estivesse cheia de prisioneiros, os alemães encerravam a representação. Caíam as máscaras. As precauções não eram mais necessárias. As vítimas não podiam escapar, nem oferecer qualquer resistência. Às vezes, os condenados, como se avisados por um sexto sentido, recuavam à entrada. Os alemães os empurravam com brutalidade, sem hesitar em disparar as pistolas sobre o grupo. Tantos quantos possível eram atulhados naquele cômodo. Quando uma ou duas crianças ficavam de fora, eram jogadas por cima dos adultos. E a pesada porta se fechava, como a laje de uma cripta.

Cenas pavorosas ocorriam dentro das câmaras de gás, embora se possa duvidar que essas pobres almas suspeitassem do que estava para acontecer. Os alemães não ligavam o gás de imediato. Eles esperavam. Porque os peritos em gás descobriram que era necessário deixar que a temperatura ambiente se elevasse em alguns graus. O calor animal fornecido pelo rebanho humano facilitava a ação do gás.

Com o aumento da temperatura, o ar se tornava fétido. Dizia-se que muitos condenados morriam antes mesmo de abrirem o gás.

No teto da câmara, havia uma abertura quadrada, gradeada e fechada com uma vidraça. Quando chegava a hora, um guarda da SS, com máscara de gás, abria a claraboia e soltava um cilindro de "Ciclone-B", um gás à base de hidrato de cianureto, preparado em Dessau.

Sabia-se que o efeito do "Ciclone-B" era devastador. No entanto, isso nem sempre acontecia, talvez porque houvesse tantos homens e mulheres para serem mortos que os alemães o economizassem. Além disso, é possível que alguns dos condenados fossem mais resistentes.

De qualquer forma, era frequente haver sobreviventes, mas os alemães não tinham piedade. Mesmo respirando, os moribundos eram levados para o crematório e atirados nos fornos.

De acordo com o testemunho de antigos internos de Birkenau, diversas personalidades nazistas eminentes, políticas e outras, estiveram presentes na inauguração dos crematórios e das câmaras de gás. Teriam manifestado sua admiração pela capacidade funcional da enorme estação de extermínio. No dia em que foi inaugurado, 12 mil judeus poloneses foram mortos, um pequeno sacrifício para o Moloch[12] nazista.

* * *

Os alemães deixavam vivos alguns milhares de deportados de cada vez, mas apenas para facilitar o extermínio de milhões de outros. Faziam tais vítimas executar seu trabalho sujo. Elas faziam parte do *sonderkommando*. Trezentas ou quatrocentas serviam em cada forno crematório. Seu dever consistia em empurrar os condenados para dentro das câmaras de gás e, depois que o assassinato em massa tivesse sido cometido, abrir as portas e transportar os cadáveres. Médicos e dentistas eram os preferidos para certas tarefas, os últimos a salvar o metal precioso dos dentes implantados nos cadáveres. Os membros da *sonderkommando* deviam também cortar os cabelos das vítimas, atividade que proporcionavam receitas adicionais à economia nacional socialista.

O dr. Pasche, ele próprio destinado ao *sonderkommando*, transmitiu-me os dados da rotina diária da equipe dos crematórios. Porque, por paradoxal que possa parecer – e este não era o único paradoxo nos campos –, os alemães forneciam um médico especial para cuidar dos escravos da usina de extermínio.

O dr. Pasche era um membro ativo do movimento de Resistência e, correndo risco de vida, mantinha as estatísticas diárias. Só

---

12. Segundo a tradição bíblica, Moloch era uma divindade à qual se sacrificavam crianças com fogo. (N.T.)

comunicava seus dados a uns poucos nos quais tinha absoluta confiança, na esperança de que um dia esses números fossem apresentados ao mundo. O dr. Pasche não tinha ilusões quanto ao que o aguardava. E, de fato, ele foi "exterminado" muito antes da libertação de Auschwitz.

Pelos relatos de testemunhas oculares, pode-se imaginar como era o espetáculo nas câmaras de gás depois que as portas eram abertas. Em seu sofrimento hediondo, os condenados tentavam rastejar uns sobre os outros. Durante a agonia, alguns cravavam as unhas na carne de seus companheiros. Como regra geral, os cadáveres estavam tão comprimidos e enredados que era impossível separá-los. Os técnicos alemães inventaram varas com ganchos que eram cravados na carne dos cadáveres para puxá-los.

Uma vez removidos das câmaras de gás, os corpos eram transportados para o crematório. Já mencionei que, não raro, algumas vítimas ainda saíam vivas. Mas eram tratadas como mortos e cremadas junto com os demais.

Um guincho transportava os corpos até os fornos. Os corpos eram arrumados com método. Os bebês eram colocados embaixo, como lenha, depois vinham os mais magros e, por fim, os corpos maiores.

Enquanto isso, funcionava, implacável, o serviço de resgate. Os dentistas retiravam os dentes de ouro e de prata, pontes, coroas e placas. Outros funcionários do *sonderkommando* reuniam anéis, pois, apesar de todo o controle, alguns internos tinham guardado os seus. Naturalmente, os alemães não queriam perder nada que tivesse valor.

Os super-homens nórdicos sabiam como lucrar com tudo. Enormes barris eram usados para coletar a gordura humana que derretera com as altas temperaturas. Não era de estranhar que o sabão do campo tivesse um cheiro tão peculiar. Não era surpreendente também que os internos desconfiassem do aspecto de alguns pedaços de salsicha!

Até as cinzas eram utilizadas – como fertilizante – nas fazendas e nos jardins das vizinhanças. O "excedente" era jogado no Vístula. As águas daquele rio carregaram os restos de milhares de infelizes prisioneiros.

O trabalho dos *sonderkommando* era o pior e o mais repugnante de todos. Havia dois turnos de doze horas cada um. Aquela equipe tinha aposentos especiais no campo, e o contato com os outros internos era estritamente proibido. Às vezes, como punição, nem recebiam autorização para voltar ao campo e eram obrigados a viver no prédio que abrigava os crematórios. Ali havia calor suficiente, mas que lugar medonho para se comer e dormir!

A vida dos membros do *sonderkommando* era desumana. Muitos enlouqueciam. Inúmeras vezes um marido era obrigado a queimar a própria esposa; um pai, os seus filhos; um filho, os seus pais; um irmão, a sua irmã.

No fim de três ou quatro meses naquele inferno, os trabalhadores do *sonderkommando* viam chegar a sua vez. Os alemães incluíam essa determinação em seu cronograma. Os homens eram asfixiados e depois cremados pelos encarregados de substituí-los. A usina de extermínio não podia interromper a produção, mesmo quando era feita a troca de funcionários.

* * *

Eu tinha, então, duas razões para viver: primeiro, trabalhar com o movimento de Resistência e me manter em pé o máximo que podia; segundo, sonhar e rezar pelo dia em que seria libertada para contar ao mundo: "Foi isto o que vi com meus próprios olhos. Não devemos permitir que isso jamais aconteça outra vez!".

11

"CANADÁ"

Havia, em Auschwitz-Birkenau, um prédio que, por alguma razão, era chamado "Canadá". Em seu interior, eram estocadas roupas e outros bens retirados dos deportados quando chegavam à estação, quando iam em direção aos chuveiros, ou estavam no corredor que os conduzia ao crematório.

Havia no "Canadá" uma riqueza considerável, uma vez que os alemães encorajavam os deportados a levar os objetos de valor. Pois não haviam anunciado, em muitas cidades ocupadas, que "não era contra as regras" levarem objetos pessoais? Aquele convite indireto provou-se muito mais eficaz que se tivessem dito às vítimas para carregarem suas joias. Muitos deportados trouxeram o máximo que podiam, na esperança de obter favores em troca de seus valiosos pertences.

Um pouco de tudo podia ser encontrado nas malas: tabaco, casacos de pele, presuntos defumados e até máquinas de costura. Que fantástica colheita para o serviço de resgate do campo!

Havia no "Canadá" especialistas, cuja única tarefa era descosturar forros e descolar solas de sapatos à procura de tesouros escondidos. A atividade deve ter gerado bons resultados, pois os alemães se tornaram generosos com a mão de obra e destinaram por volta de 1,2 mil homens e 2 mil mulheres para aquele trabalho. Toda semana, um ou mais trens atulhados com os produtos do serviço de resgate partiam de Auschwitz com destino à Alemanha.

Aos muitos objetos retirados da bagagem dos deportados somava-se o cabelo das vítimas, obtidos na raspagem das cabeças dos vivos e dos mortos. Dentre os itens no "Canadá", os que mais me impressionaram foram os carrinhos de bebês enfileirados, que me lembravam de todas as pobres crianças assassinadas pelos alemães. A seção de sapatos e brinquedos infantis, sempre bem abastecida, era outro lugar de cortar o coração.

Fazer parte da equipe do "Canadá", ou se associar aos seus *kommandos* era um grande privilégio para os internos. Aqueles "funcionários" tinham muitas oportunidades para roubar e, apesar das severas punições, aproveitavam-se disso. Mas tais regras não se aplicavam aos oficiais alemães que, com frequência, faziam uma ronda de inspeção no "Canadá" e levavam alguns diamantes, como recordação, dentro de uma máquina fotográfica ou de uma cigarreira.

Muitos *kommandos* roubavam na esperança de comprar sua liberdade. Graças a tais subornos, diversas tentativas de fuga ocorreram durante minha permanência no campo. Em geral, eram mal-sucedidas. Os alemães aceitavam, com entusiasmo, o que lhes era oferecido, mas, em vez de facilitar a fuga, achavam mais agradável atirar em seus fornecedores.

Os objetos roubados do "Canadá" encontravam seu destino no mercado negro.

* * *

Apesar das ferozes medidas disciplinares, tínhamos um próspero mercado negro. Os preços eram determinados pela escassez da mercadoria, pela inadequação das rações e, claro, pelos riscos envolvidos na obtenção do artigo.

Não deveria, portanto, ser espantoso que meio quilo de margarina custasse 250 marcos de ouro, ou cerca de 100 dólares; 1 quilo de manteiga, 500 marcos; 1 quilo de carne, 1 mil marcos. Um cigarro custava 7 marcos, mas o preço de uma tragada, ou baforada, estava sujeito a flutuações.

Somente alguns poucos podiam se dar a tais luxos. Como os oficiais mesquinhos, ou os trabalhadores do "Canadá", que dispunham desses recursos. Tinham que fazer contato com os que trabalhavam fora do campo, ou com os próprios guardas para trocar seus bens valiosos por dinheiro ou mercadorias raras. Nessa dupla permuta, perdiam muito. Às vezes, uma joia preciosa era trocada por uma garrafa de vinho barato.

O pessoal da cozinha também contribuía para o tráfico. Eram outro tipo de privilegiados em comparação à massa de internos. Comia-se melhor nas cozinhas. Além disso, todos os que trabalhavam lá podiam ter roupas melhores, graças ao sistema de permuta. Trocavam a comida roubada por sapatos ou casacos velhos. Todas as tardes, entre 05h e 07h, um sussurrante mercado negro funcionava do lado de fora de um dos barracões.

O escambo era resultado natural das condições locais. Era difícil não participar. Paguei oito dias de ração de pão por um pedaço de pano para fazer uma blusa de enfermeira. E ainda precisei pagar com três sopas para que a costurassem. Alimentos e roupas eram o eterno problema que enfrentávamos.

* * *

O mercado negro me leva ao assunto "Campo Tcheco", que foi, por vários meses, uma abundante fonte de roupa. Depois de rápidas negociações, as internas do nosso campo jogavam suas rações de margarina ou de pão para o campo tcheco por cima da cerca de arame farpado. Em troca, as tchecas atiravam peças de roupa. Era uma transação arriscada. Se passasse por ali um guarda, alguém poderia ser morto a tiros. Ou as roupas recebidas em troca podiam ficar presas no arame farpado. Mas "quem não arrisca, não petisca", como diz o ditado.

Como era possível que as tchecas fossem mais ricas em vestuário do que nós? Devido a algum capricho da administração, ou talvez, como era apregoado, à enérgica intervenção de personalidades influentes da Tchecoslováquia. No início do verão de 1943, um dos transportes tchecos foi poupado de todas as formalidades; sem seleções, sem confisco de bagagem, sem raspagem de cabelo. Além disso, os homens eram dispensados dos trabalhos forçados, e as famílias eram mantidas juntas – favores jamais vistos em Birkenau. Algo parecido com uma escola foi criado para os filhos.

As tchecas eram as únicas que, durante algum tempo, recebiam com regularidade encomendas de casa. Valiam-se da permissão oficial para pedir todo tipo de objetos úteis, em especial novelos de lã, com que faziam agasalhos quentes para si mesmas ou para permuta.

Tais privilégios, porém, vigoraram por um curto período. Depois de seis meses, acabou o tratamento especial. Um dia, os tchecos souberam que os alemães se preparavam para exterminá-los. No mesmo instante, eles decidiram se rebelar. Mas a conspiração fracassou. No último minuto, o líder, um professor de Praga, foi envenenado. Encarregou-se da situação a *lageraelteste*, uma criminosa empedernida e bruta. No dia seguinte, cartões-postais foram distribuídos entre os tchecos para informar aos parentes que estavam bem e para pedir novas remessas. Poucas horas depois, todos foram exterminados, jovens e velhos, saudáveis e doentes.

Não se perdeu tempo algum até chegarem novos tchecos para povoar aquele campo.

Tive a oportunidade de me comunicar com o segundo comboio. Aqueles tchecos também receberam um tratamento razoável, exceto quanto à comida, que era abominável. Como animaizinhos famintos, seus filhos vagavam perto da cerca, na esperança de que alguém lhes jogasse um resto de comida ou um pedaço de pão.

Um belo dia, espalhou-se a notícia de que o segundo grupo de tchecos seria exterminado. Os homens foram levados primeiro, depois as mulheres. Os que restaram, crianças e idosos, não se iludiram. Trocaram tudo o que tinham por um pouco de pão e margarina. Pelo menos, podiam se fartar de comer antes de morrer.

Naquela tarde, um rapazinho tcheco, apaixonado por uma jovem *Vertreterin* do nosso campo, disse-lhe adeus através da cerca de arame farpado que nos separava. Ele sabia como seria o final do seu dia.

"Quando vir as primeiras chamas do crematório ao amanhecer", disse ele, "saberá que são minha saudação a você."

A moça desmaiou. Ele a encarava com lágrimas nos olhos. Nós a ajudamos a se levantar.

"Querida", continuou ele, "tenho um diamante que queria lhe dar de presente. Roubei-o enquanto trabalhava no 'Canadá'. Mas agora vou tentar trocá-lo por uma chance de ir para o seu campo e ficar com você antes de morrer."

Deu-se um jeito, e o rapazinho conseguiu. Todos sabiam que o final do campo tcheco estava próximo. Talvez mais um dia, talvez apenas mais algumas horas. A *blocova* deixou o casalzinho a sós em seu quarto. As outras internas deram plantão para vigiar os alemães. Na chamada da tarde, os tchecos foram obrigados a abrir mão de seus sapatos. Foi um sinal inequívoco.

Tarde da noite, diversos caminhões de despejo chegaram ao campo. Todos os que ainda restavam no campo tcheco tinham que embarcar. Alguns tentaram resistir, mas os guardas os espancaram, ou os espetaram com os ganchos de suas varas. Coladas às paredes da nossa enfermaria, testemunhamos aquela cena terrível. A jovem *Vertreterin* viu seu amante tcheco ser empurrado para dentro do caminhão. O alvorecer nos encontrou ainda tremendo, coladas à parede; os últimos caminhões haviam acabado de partir. Nossos olhos seguiram a fumaça que saía dos crematórios – os despojos de nossos pobres companheiros.

Durante a noite, os cabelos da jovem *Vertreterin* ficaram quase inteiramente brancos.

Os primeiros raios do sol revelaram, espalhados pelo chão do campo tcheco, alguns itens abandonados: um resto de pão, uma boneca de pano e algumas peças de roupa. Era tudo o que restara da aldeia tcheca de 8 mil almas, de tão curta duração.

12

O NECROTÉRIO

Embora eu trabalhasse na enfermaria, precisei ajudar por algum tempo a carregar os cadáveres do hospital. Embora não fossem muitos, tínhamos que limpar os corpos – tarefa horrível, porque foram nossos pacientes e porque nosso suprimento de água para lavar os vivos já era limitadíssimo, imagine os mortos. Quando terminávamos, devíamos jogar os mortos em cima de um monte de cadáveres pútridos. Depois disso, não tínhamos com que desinfetar ou lavar as mãos.

Éramos duas a fazer esse trabalho. Colocávamos os corpos em macas e, sob a vigilância dos alemães, os carregávamos para o necrotério, uma caminhada de meia hora a partir do hospital. Teria sido uma tarefa cansativa para homens saudáveis. Para nós, era exaustiva. Os guardas não nos deixavam parar para respirar. Desumanidade era a ordem natural das coisas em Birkenau.

Na entrada do necrotério, pousávamos a maca e arrastávamos os corpos para dentro. Apenas os acrescentávamos à pilha de mortos. Transpirávamos abundantemente, mas não ousávamos secar o rosto com as mãos contaminadas.

De todas as tarefas horrendas que fui obrigada a fazer, essa me deixou as recordações mais macabras. Recuso-me a falar além disto para descrever como tínhamos que andar por cima daquelas montanhas de cadáveres putrefatos, em decomposição, muitos dos quais haviam morrido por doenças terríveis. Ainda me pergunto de onde tirei forças para continuar depois dessa experiência. Eu não desmaiava como acontecia com muitas das minhas companheiras.

Durante muito tempo, uma moça que tinha sido estudante em Varsóvia me ajudou a carregar os cadáveres. Apanhávamos com frequência, porque os alemães nos acusavam de não sermos rápidas o bastante e de transformar aquele trabalho em uma "marcha fúnebre". Eles gritavam: "Andem logo com essa *scheiss-stuckel*"![13]

Assim eles chamavam os cadáveres. E nos espancavam sem piedade.

A mocinha polonesa tinha um pensamento fixo: o amor por sua mãe. Era seu assunto preferido. Quando falava da mãe, confidenciava: "Ela está escondida nas montanhas. Os alemães nunca a encontrarão". Mas, um dia, ao entrarmos no necrotério, ela soltou uma risada histérica. Precisei tirá-la dali, antes que os alemães a agarrassem. Entre os cadáveres, ela viu o corpo de sua mãe adorada que imaginava sã e salva.

Dos corpos no necrotério, podíamos observar o tipo de deterioração física gerada nos detentos pela vida no campo. Mesmo depois de uma curta permanência, muitos prisioneiros pareciam esqueletos. Haviam perdido de 50% a 60% do peso original e encolhido de altura. Era inacreditável, mas eles chegavam a pesar 25 ou 30 quilos. A mesma causa, a subnutrição, inchava outros corpos em proporções anormais.

A verdade é que, nas mulheres, a obesidade era muitas vezes provocada por problemas menstruais. Depois da liberação de Auschwitz, um professor de Moscou, que nas investigações fez uma série de observações durante as autópsias, concluiu que nove entre dez prisioneiras apresentavam evidente definhamento dos ovários. A amenorreia, ali, era um fenômeno quase generalizado.

Não cabem aqui explicações científicas, mas é preciso acrescentar que um fator determinante para esse estado era a constante angústia em que vivíamos.

É provável que o misterioso pó químico com que os alemães batizavam nossa comida fosse uma das causas da interrupção da

---

13. Porcariada – em alemão no original. (N.T.)

menstruação. Eu, pessoalmente, não consegui obter a prova necessária de que os alemães diluíam em nossas rações substâncias destinadas a entorpecer as reações sexuais. Seja como for, tanto as *lageraelteste*, *blocovas* e *stubendiensts* como as funcionárias das cozinhas, que não se alimentavam com a comida comum do campo, não tinham, na maioria dos casos, problemas menstruais.

Tenho boas razões para acreditar que os alemães nos envenenavam com seu pó misterioso. Conversei certa vez com uma prisioneira que trabalhava na cozinha. Ela me confirmou que a ordem era adicionar aquela substância em toda a comida que nos fosse fornecida.

"Pelo amor de Deus, me consiga um pouco desse pó", implorei. "Se eu conseguir sair daqui, isso será mais uma prova contra eles."

"Não posso", respondeu ela. "A própria guarda da SS põe aquilo na comida. Ninguém mais tem permissão de chegar perto."

Era chocante constatar como a aparência física dos detentos se transformava após as primeiras semanas no campo. Perdiam a vitalidade, os movimentos tornavam-se lentos e apáticos. Andavam com os pés virados para dentro. No inverno, seus músculos adutores, contraídos de frio, acentuavam sua postura anormal.

Em muitos casos, as internas revelavam sinais de deterioração mental. Perdiam a memória e a capacidade de concentração. Passavam longas horas olhando para um ponto fixo, sem o menor sinal de vida. Por fim, desinteressavam-se por seu destino e, com quase absoluta indiferença, deixavam-se arrastar para as câmaras de gás. Tal passividade, é claro, facilitava as coisas para os alemães.

* * *

Nunca decidi se era pior cavar valas perto do crematório ou trabalhar próximo à estação ferroviária, onde tínhamos que recolher o lixo deixado a cada comboio.

Colocávamos os restos em grandes sacos. Havia jornais de todos os países, latas de sardinha vazias, garrafas quebradas, brinquedos e colheres. Às vezes, precisávamos carregar as bagagens da estação até o "Canadá", formando enormes pilhas. Meu dever era entregar as malas para as internas, que as separavam e classificavam: camisas na pilha de camisas, brinquedos na pilha de brinquedos, sobras na pilha de lixo. Às vezes, tínhamos que abrir uma miserável caixa de papelão suja atada com barbante. Às vezes, deparávamos com caríssimas malas de couro. Em Birkenau, encontravam-se a riqueza e a pobreza de toda a Europa.

Nas caixas de papelão, podia haver alguns bolos mofados enrolados em jornal. Alguns deportados traziam carne moída; o cheiro podre empesteava a sala. Mas até bolinhos duros e hambúrgueres imundos nos pareciam apetitosos.

Quando cavávamos próximo ao crematório, ouvíamos os últimos gritos dos que estavam sendo levados para as câmaras de gás. Quando trabalhávamos perto da estação ferroviária, era uma tortura ouvir os inocentes que tinham acabado de chegar. O alívio transparecia em seus rostos ao desembarcarem do trem. Suas expressões pareciam dizer: "Sofremos durante a viagem, mas agora, graças a Deus, estamos aqui".

Vê-los ajudando entre si a descer do vagão, ajeitando o cachecol, abotoando o casaco de uma criança, trazia a lembrança da minha própria chegada ao campo e minha subsequente desilusão.

Como poderia impedi-los de cometer os mesmos erros que eu? Já se dirigiam à mesa oficial para a primeira seleção. Eu tentava me aproximar das mulheres e sussurrar, enquanto passavam: "Diga que seu filho tem mais de 12 anos... Não deixe sua filha dizer que está doente... Mande seu filho esticar o corpo... Diga sempre que goza de boa saúde...". A fila continuava a passar pela mesa.

As mulheres me olhavam, surpresas. Perguntavam: "Por quê?". E me encaravam como se pensassem: "O que essa mulher suja quer? Deve estar louca".

Não, elas não podiam entender a importância do que eu dizia. Elas me viam com desprezo. O que poderiam lhes dizer mulheres vestidas com trapos sujos? Não lhes passava pela cabeça que elas também se tornariam criaturas em farrapos. E assim se repetiam as tragédias. Tentando poupar seus filhos de trabalhos pesados, mentiam sobre as idades das crianças e, involuntariamente, as mandavam para as câmaras de gás.

No meio do caos e dos gritos dos alemães, os prisioneiros eram separados em dois grupos: direita e esquerda! – vida e morte!

* * *

Eu ainda observava os transportes, quando, para minha perplexidade, quatro homens em trajes esportivos saíram das filas. Eram louros e elegantes, embora sua aparência tivesse sofrido após a longa viagem. Os guardas tentaram empurrá-los de volta, mas eles insistiam em falar com o "comandante".

Um dos oficiais alemães percebeu o que acontecia e fez sinal para os soldados deixarem os homens se aproximar. Eu estava a uns dez metros de distância, mas ouvi a conversa em voz alta. Surpreendeu-me que eles falassem inglês!

O oficial alemão os compreendia, mas, depois das primeiras palavras, insistiu para que falassem em alemão. Um dos homens conseguiu se expressar em uma espécie de alemão arrevesado e traduzia para os outros. Referia-se a outro campo do qual haviam sido transferidos e insistia que os alemães não tinham o direito de mudá-los de lugar.

Era evidente que o oficial alemão estava se divertindo.

"Nós não temos direito?", perguntou, com um sorriso sarcástico.

"É claro que não", respondeu o intérprete em trajes esportivos. "Não somos judeus!"

"Não estamos interessados se vocês são judeus ou não. Vocês são americanos!", retrucou o alemão.

"Exijo que vocês nos tratem conforme as normas de direito internacional".

"É claro", concordou o oficial, amável. "Encaminharemos seu pedido diretamente ao governo americano. Se tiverem paciência, levaremos sua mensagem pessoalmente a Washington."

"Levem os cavalheiros ao campo americano", ordenou outro oficial.

Os soldados aprumaram seus rifles e saudaram o oficial com o "Heil" de praxe. Escoltaram o pequeno grupo em direção à floresta, cerca de 50 metros adiante. Poucos minutos depois, ouvi vários tiros. Mas os tiros eram tão comuns em Birkenau que não dei atenção.

Enquanto isso, a música continuava, e as filas dos deportados se arrastavam.

Algumas semanas mais tarde, eu estava fazendo a separação das bagagens "recebidas" na estação ferroviária. Encontrei um grupo de malas parecidas. Todas tinham camisas com etiquetas americanas, raquetes de tênis, suéteres, máquinas fotográficas e fotos de casais com filhos.

Chegamos a encontrar vários discos em uma maleta. Uma velha prisioneira, ansiosa por música, correu para colocar um deles numa pequena vitrola portátil que encontramos na bagagem. Uma voz bonita e cristalina entoou uma canção de Natal. Ficamos emocionadas. As outras prisioneiras pararam de trabalhar para ouvir.

Um guarda alemão, evidentemente ao ouvir a música, precipitou-se para dentro do salão. Chutou a vitrola e pisoteou o disco com a bota. Quando juntamos os cacos, li a etiqueta. Tínhamos ouvido "Noite feliz", cantada por Bing Crosby. Por alguns instantes, o cantor americano nos ajudara a esquecer a nossa agonia em Auschwitz.

Comecei a jogar as fotos na pilha de lixo, como mandavam as regras. De repente, uma me chamou atenção.

"Eu já vi estes rostos em algum lugar."

Então, me lembrei. Eram os americanos que eu vira na estação.

"Onde fica o campo americano?", perguntei à velha prisioneira.

"Sua idiota", respondeu ela, ríspida. "Não sabe que não existe um campo americano?"

"Mas eu ouvi dizer que existe", insisti.

"Tudo bem, se é isso o que quer. O campo americano fica no mesmo lugar do campo dos velhotes e das crianças."

"Quer dizer que se atreveram a matar os americanos?", perguntei. "Será possível?"

Ela soltou um risinho irônico.

"Os americanos dão muito mais combustível para os fornos crematórios. Aos olhos dos alemães, são só inimigos, como nós. Matar nunca é problema para os alemães. Eles os levam para a floresta e atiram. É lá que fica o campo americano."

13

O "ANJO DA MORTE" *VERSUS* O "GRANDE SELECIONADOR"

Aquele era meu dia de morrer. Nem mesmo quando fui "selecionada" estive tão perto da morte. Quando penso nisso, vejo-me morta, e imagino que estou voltando de outro mundo.

Se Irma Grese fosse menos curiosa, eu não estaria viva. Mas ela, ao que parece, estava por demais interessada em descobrir por que o dr. Fritz Klein, o médico da SS responsável pelas mulheres no campo feminino de Auschwitz, e depois em Bergen-Belsen, criara uma função especial para mim, um farrapo de gente que eu era, de cabeça raspada, usando trapos imundos, um par de velhos sapatos masculinos desparceirados nos pés. Porque ela quis saber, eu fui salva.

Naquela época, as "seleções" eram feitas pela diretora das chefes de campo, Hasse e Irma Grese. Às segundas, quartas e sábados, as chamadas duravam do amanhecer até o fim da tarde, quando ambas completavam sua cota de vítimas.

Quando aquelas duas apareciam na entrada do campo, as internas, já sabendo o que esperavam, entravam em pânico. A bela Irma Grese avançava em direção às prisioneiras com um andar sinuoso, quadris bamboleando, e os olhos de 40 mil mulheres miseráveis, mudas e imóveis, a seguiam. Irma tinha altura mediana, vestia-se elegantemente, com todos os fios de cabelo no lugar. Era visível que a agradava o terror mortal que sua simples presença inspirava. Porque aquela moça de 22 anos era totalmente desprovida de piedade. Com mão firme, escolhia suas vítimas entre as saudáveis, e também entre as doentes, as frágeis e as incapacitadas. Aquelas que, apesar da fome e da tortura, ainda conservavam algum vislumbre de sua antiga beleza física eram as primeiras a ser escolhidas. Eram o alvo especial de Irma Grese.

Durante as "seleções", o "anjo loiro de Belsen", como seria mais tarde chamada pela imprensa, usava o chicote com liberalidade. Golpeava onde desejasse, nós resistíamos como podíamos. Nossos gritos de dor e os jorros de sangue faziam-na sorrir. Que dentes impecáveis e perolados ela tinha!

Num dia de junho de 1944, 315 mulheres "selecionadas" foram empurradas para dentro de um lavatório. No grande salão, as desafortunadas já haviam sido chutadas e chicoteadas. Então, Irma Grese ordenava aos guardas da SS que trancassem a porta. Simples assim.

Antes de serem mandadas para a câmara de gás, deviam ser passadas em revista pelo dr. Klein. Mas ele as fazia esperar três dias. Durante esse tempo, as condenadas ficavam amontoadas no chão de concreto, sem comer, sem beber, sem usar as latrinas. Eram seres humanos, mas quem se importava?

Minhas companheiras sabiam que eu acompanhava o dr. Klein em suas rondas. Imploravam para que eu o levasse até o lavatório para resgatar algumas pobres almas. Algumas me suplicavam para interceder pela vida de uma amiga, de sua mãe ou de uma irmã.

No dia em que o dr. Klein deveria chegar, senti o coração bater na garganta. Eu precisava arrancar da morte algumas daquelas criaturas, não importava o custo.

"*Herr Oberarzt*", eu disse, tremendo inteira, quando começamos as rondas, "deve ter havido algum engano nas últimas seleções. Há pessoas trancadas no lavatório que não estão doentes. Talvez valha a pena mandá-las para o hospital."

Fiz de conta desconhecer a existência das câmaras de gás.

"Mas você nem ao menos tem remédios", comentou o dr. Klein. "Além disso, sua diretora já as selecionou. Não posso fazer nada a respeito."

Isso foi antes de nosso campo ter um hospital ou enfermaria, e eu não ousava propor que cuidássemos das doentes. Tínhamos prisioneiras médicas em cada um dos barracões, mas nenhum remédio!

Decidi tentar persuadir o dr. Klein.

"Essas pobres mulheres não têm mais ninguém", eu disse. "Elas não têm casa, não têm família. Mas algumas hão de ter uma mãe, uma irmã ou uma filha no campo. Eu lhe imploro, doutor, não as separe. Pense em sua própria mãe e irmã, se as tiver!"

O dr. Klein não respondeu. Eu falava enquanto nos encaminhávamos ao lavatório. Então, chegamos. Ele deu uma rápida palavra de comando, e os guardas da SS destrancaram a porta. Entramos.

Havia 315 mulheres trancadas havia três dias e três noites. Muitas já haviam morrido. Outras, incapazes de ficar em pé, estavam agachadas sobre os cadáveres. Outras, verdadeiros esqueletos, estavam fracas demais para se levantar. Presas na escuridão havia três dias, piscavam agora, com a mão sobre o rosto. Gritavam: "Não comemos nada há três dias. Não estamos doentes! Não queremos ir para o hospital!".

O dr. Klein, que era, em geral, calmo, o único alemão em Auschwitz que jamais gritava, perdeu a cabeça. Com o rosto enrubescido, berrou de repente: "O que está acontecendo naquele barracão? Elas não querem mais trabalhar? Pretendem mandar todas para nós, no hospital? Eu vou ensiná-las, ah, se vou! Fora daqui! Vocês não passam de um bando de preguiçosas!".

Estremeci diante daquela explosão de raiva. Depois, quando o vi mandando várias mulheres mais fortes para a saída, eu entendi.

"Veja, doutor, ali tem outra falsa inválida!", eu disse, apontando para uma moça, uma talentosa matemática.

"Fora daqui! Não apareça mais na minha frente", gritou o dr. Klein.

Mais tarde, os sinistros caminhões da morte vieram e levaram 284 vítimas para as câmaras de gás. Naquele dia, salvamos 31 da morte certa. Tudo porque o dr. Klein foi levado a um raro gesto de humanidade... para um SS.

No domingo seguinte, fomos punidas. Não me lembro por quê. Mas não era a primeira vez que passávamos o domingo de joelhos em frente aos barracões, na lama, pois havia chovido de manhã.

Estávamos de joelhos fazia uma eternidade. O tempo parecia ter parado. A chuva voltou a cair. Tínhamos que ficar de joelhos, imóveis, com os braços levantados para o céu. Um caco de vidro cortara meu joelho direito, mas eu não ousava me mexer, com medo de receber mais um castigo.

De repente, fui chamada. O dr. Klein me requisitara. Levantei-me e corri até o portão do campo, onde ele estava me aguardando.

"Nunca vim ao campo num domingo", declarou ele, "mas como ontem prometi trazer remédios para suas inválidas, precisei abrir uma exceção. Pegue, trouxe algumas amostras de remédios para você."

Quando estendi os braços para pegar uma grande caixa de papelão, senti alguém colocar a mão no meu ombro. Virei-me. Era Irma Grese, armada com seu chicote!

"O que está fazendo aqui, sua porca?", ela berrou. "Não sabe que não pode sair da fileira?"

"Eu mandei chamá-la", o dr. Klein respondeu por mim.

"O senhor não tem o direito de fazer isso, *Herr Oberarzt*. Hoje é domingo, e o senhor não tem nada que estar aqui."

"Você tem a audácia de proibir que eu venha?"

"E por que não?", zombou Grese. "Tenho todo o direito de fazer isso. Não se esqueça, doutor, que sou eu quem dá as ordens por aqui."

"Pode ser, mas não manda em mim", ele retrucou. "Como médico-chefe, eu tenho todo o direito de vir quando achar que devo."

A bela Irma Grese mordeu o lábio, mas não se deu por vencida. Descontou seu ódio em mim.

"Para seu o lugar, agora, verme imundo!", explodiu.

"Não, ainda não", interveio o dr. Klein, tranquilo.

"O senhor não tem nada mais a dizer, *Herr Oberarzt*. Há tempos sua conduta tem sido muito estranha. O senhor liberta algumas pacientes presas no lavatório. O senhor vem ao campo aos domingos, ostensivamente para trazer remédios, mas, na verdade, é para se meter em assuntos que não lhe dizem respeito. O senhor infringiu minhas ordens e terá que responder por isso."

"Eu assumo total responsabilidade. Eu sou o médico-chefe da SS."

"Estou lhe avisando, *Oberarzt*, que o senhor está brincando com fogo."

"Isso é problema meu. Não se preocupe comigo. Venha", acrescentou ele, fazendo-me um gesto, como se Irma Grese não existisse. "Siga-me."

Começamos a andar pela *Lagerstrasse*, entre as duas alas de barracões. O "anjo loiro da morte" ficou onde estava, grudada no chão e tremendo de ódio.

Todos no campo sabiam o quanto Irma Grese podia ser vingativa. Minha situação era muito perigosa. Tentei me esconder, mas não adiantou. Onde alguém poderia se esconder em Auschwitz?

Duas horas depois de ser dispensada pelo dr. Klein, eu estava em pé sobre a grande pele de lobo que servia de tapete no gabinete de Grese. Eu sabia o que me esperava. Alguém tinha que pagar pela sua humilhação. E esse alguém era eu. Muito bem se me matassem de uma vez, sem torturas pavorosas. Eu sabia o que podiam fazer os implacáveis torturadores.

"Quem é você? Quando conheceu o dr. Klein? Em que língua vocês dois conversam?" Irma Grese me fez essas perguntas de um só fôlego, os olhos cor de azul-pervinca faiscando de raiva.

"O *Oberarzt* vem da mesma região que eu, na Transilvânia, e falo com ele na minha língua nativa. Conheci-o aqui no campo. Sou estudante de medicina", respondi.

"Sei, sei. E qual é o seu nome?", perguntou Irma Grese.

Uma pergunta surpreendente em Auschwitz-Birkenau, onde éramos apenas números e não mulheres.

Nesse meio-tempo, o demônio louro se levantou da cadeira.

"De agora em diante, eu a proíbo de acompanhar o dr. Klein em suas rondas. Se ele se dirigir a você, você não vai responder. Se mandar chamá-la, você não irá. Entendeu? E, agora, responda-me. Por que me desobedeceu? Por que não voltou para a chamada como eu mandei?"

"Faço parte da equipe de enfermagem. Pensei que deveria obedecer ao dr. Klein."

"Ah, isso foi o que pensou. É a mim que deve obedecer, só a mim!"

Com calculada deliberação, apanhou o revólver em cima da mesa e avançou em minha direção. Éramos um contraste chocante. Eu, de cabeça raspada, andrajosa, suja, molhada de chuva, e ela com seu belo penteado, sua beleza impressionante, sua maquiagem perfeita. O *tailleur* impecavelmente bem cortado realçava suas formas adoráveis.

"Sua porca", sibilou entredentes.

Encolhi-me ao toque do cano frio do seu revólver quando o encostou sobre a minha têmpora esquerda. Senti seu hálito quente.

"Está com medo, não está?"

De repente, a coronha do revólver desceu sobre minha cabeça, uma, duas, mais uma e outra vez. Ela me socou com o punho fechado, vezes sem fim.

Senti o gosto de sangue. Cambaleei. Caí em cima da pele de lobo. Quando abri os olhos, estava deitada lá fora, na lama, sob a chuva que ainda estava caindo. O sino do campo soou, chamando para outra "seleção". Machucada, coberta de sangue, levantei-me e corri para meu barracão para não perder a chamada.

Quando me virei, vi Irma Grese vindo do *Führerstube*, com o chicote na mão, para separar o novo lote para as câmaras de gás. Por que não me mandou para lá, nem atirou em mim, nem me matou de modo ainda mais cruel jamais consegui adivinhar.

14

"ORGANIZAÇÃO"

"Temos que resistir", sussurrou um antigo prisioneiro que trabalhava na manutenção das estradas em nosso campo no dia em que chegamos. Nossa cabeça acabara de ser raspada e tremíamos de frio em nossos trapos, esperando que as ambulâncias nos deixassem passar. "Para conseguir resistir", ele acrescentou, "há uma coisa a fazer: nos organizar."

Nos longos dias que se seguiram, muitas vezes me perguntei o que aquele homem quis dizer com a palavra "organizar". Organizar o quê? Precisei de mais tempo para compreender o real significado de "organizar". Somei dois mais dois. O conselho do velho quebrador de pedras, mais as exortações de outras internas, me deram a resposta. "Se não quiser morrer de fome, só há uma coisa a fazer: roubar." De repente, compreendi: "organizar" significava roubar.

Os acontecimentos confirmaram minha interpretação. No entanto, o termo "organizar" continha uma nuance que não compreendi por algum tempo. Significava não apenas roubar, mas roubar dos alemães. Dessa maneira, o roubo se tornava nobre, e até mesmo benéfico para os internos. Quando os funcionários do "Canadá", ou do *Bekleidungskammer*, roubavam roupas de frio para suas companheiras esfarrapadas, não se tratava de um roubo comum, era um ato de solidariedade. Quanto mais alguém tirava dos alemães e mandava o fruto do roubo para os barracões, em vez de deixar que os artigos fossem despachados para a Alemanha, mais ajudava a causa.

Assim as palavras "roubar" e "organizar" não eram, de modo algum, sinônimos.

Infelizmente, nem sempre era simples demarcar essa linha divisória. Os seres humanos muitas vezes são arrogantes ao falar sobre suas ações menos nobres. E o termo "organização" era bastante usado para desculpar o simples roubo.

"Você pegou minha ração de pão", gritava um preso. "Isso é roubo!"

"Ah, me desculpe", respondia o acusado. "Eu não sabia que era seu. E não me acuse de roubar... Era a 'organização'."

Com esse pretexto, alguns detentos, pressionados pela fome, roubavam as miseráveis rações de seus companheiros. Muitos, sem roupas adequadas, surrupiavam os farrapos dos outros no lavatório.

No caldeirão de Auschwitz-Birkenau, porém, as barreiras sociais eram derrubadas e o preconceito de classes desaparecia. Camponesas simples e ignorantes faziam maravilhas em termos de "organização", e davam provas de admirável abnegação, enquanto mulheres sofisticadas, cuja moralidade nunca fora questionada, fingiam se dedicar à "organização" em detrimento de suas companheiras. Seus atos podiam não ter consequências graves, mas, de qualquer forma, eram significativos.

Em setembro de 1944, nosso amigo L conseguiu "organizar" cinco colheres. Generoso, presenteou-as à equipe da enfermaria que cuidara dele. Eu não soube como expressar minha alegria ao receber aquele simples objeto, coisa corriqueira na vida civilizada. Há meses, eu comia sem garfo ou colher, reduzida, como as outras, a lamber a comida da tigela, como um cachorro. Por isso a colher me deixou tão feliz.

Imagine, então, meu desapontamento quando, poucos dias depois, ela desapareceu. Fiz uma investigação minuciosa e descobri a verdade: a ladra era ninguém menos que a esposa de um dos mais ricos industriais da Hungria, multimilionária e acostumada a grandes luxos. Em Birkenau, onde apenas seres humanos dotados de uma resistência moral excepcional conseguiam permanecer honestos e bons, a ex-milionária provara não ser um deles.

Esse incidente resultou, para mim, em preocupação com o futuro daquelas prisioneiras, caso deixassem os campos com vida. No momento, entretanto, todas nós precisávamos fazer o possível para sobreviver a cada dia.

* * *

Eu já estava na enfermaria havia vários meses quando uma amiga me disse que uma interna no Barracão 9, chamada Malika, estava vendendo artigos de lã em troca de pão e margarina. Eu precisava desesperadamente de um casaco de lã. Não tinha pão nem margarina, mas tinha uma amiga a quem poderia pedir emprestado.

Malika era uma policial, cuja função era, com seu cassetete, expulsar as prisioneiras que se aproximassem da cerca de arame farpado. Muitas deportadas tentavam se comunicar com o campo tcheco. Era dever de Malika impedir as permutas.

Ela cumpria seus deveres conscienciosamente durante seu turno de trabalho, ninguém conseguia negociar com as tchecas. Isto é, ninguém além da própria Malika. Ela tinha o monopólio absoluto. E a antiga vendedora de frutas tornou-se uma das melhores "comerciantes" do campo.

A amiga que me dera a informação também queria comprar uma blusa branca, por isso me acompanhou até o Barracão 9. Malika não estava lá. Esperamos.

Tínhamos separado a ração do dia para comprar as roupas e estávamos as duas torturadas de fome. Do barracão, nos chegavam aromas tentadores. A *Califactorka*, a criada da *blocova*, preparava um prato de *plazki* para sua amante. Para internas como nós, *plazki* era um sonho inatingível. Era uma espécie de panqueca feita de batatas raladas e fritas na margarina. Só as *blocovas* e alguns oficiais podiam ter recursos para uma maravilha como aquela e, mesmo assim, só de vez em quando. Era impossível não olharmos com inveja para a frigideira. Como nos fazia suspirar aquela fragrância tentadora!

A *Califactorka* acenou para nós.

"Vou fazer um acordo com vocês", disse ela, em voz baixa. "Me tragam uns comprimidos de aspirina e, em troca, lhes darei um pouco de *plazki*. Estou com dor de ouvido, e não quero ficar na fila do lado de fora da enfermaria."

Minha amiga me puxou para o lado. Avaliei a batalha que se travava dentro dela. Ela tinha dois comprimidos de aspirina. Aspirina era um produto muito raro no campo, cada comprimido equivalia a um tesouro. Lutamos com nossas consciências, enquanto o aroma do *plazki* torturava nossas narinas.

Minha amiga, por fim, tomou sua decisão. "Já que a *Califactorka* está com dor, acabará indo buscar a aspirina na enfermaria, de qualquer jeito. Tudo o que faremos é poupá-la do tempo de ficar na fila. Não poderia ser um crime dar isto a ela agora... Você concorda?"

Enfraquecida, concordei. Se bem que, em nossos corações, sabíamos que não tínhamos o direito de fazer aquilo. Porque o suprimento da enfermaria era tão limitado que deveríamos reservar nossa aspirina para casos mais graves que dores de ouvido. Mesmo que enfrentasse a fila, era duvidoso que a *Califactorka* recebesse um comprimido. Estávamos abusando de nossa posição no campo em proveito do nosso bem-estar pessoal. Em circunstâncias normais, duvido que minha amiga ou eu tivéssemos caído tanto. Mas estávamos em Birkenau-Auschwitz, e estávamos famintas.

Com um gesto discreto, minha amiga passou dois comprimidos de aspirina para as mãos da *Califactorka*. Ela partiu ao meio um *plazki* com as mãos sujas e, disfarçadamente, repassou-os para nós.

Troquei um olhar furtivo com minha amiga. Estávamos ambas ruborizadas de vergonha.

15

NASCIMENTOS MALDITOS

O problema mais angustiante que enfrentávamos para cuidar de nossas companheiras era na hora do parto. Assim que um bebê nascia na enfermaria, mãe e filho eram mandados para a câmara de gás. Essa era a implacável determinação de nossos captores. Só quando a sobrevivência do bebê não fosse provável, ou ele fosse natimorto, a mãe era poupada e recebia permissão para retornar ao barracão. Nossa conclusão foi simples: os alemães não queriam os recém-nascidos vivos. Se vivessem, as mães deviam morrer também.

Nós cinco, cuja responsabilidade era trazer aquelas crianças ao mundo – ao mundo de Birkenau-Auschwitz –, sentíamos o ônus dessa monstruosa conclusão que desafiava qualquer lei humana e moral. Que fosse absurda do ponto de vista médico era o que menos importava ali. Quantas noites insones vivemos devido a esse trágico dilema. E, pela manhã, tanto as mães como seus bebês iam ao encontro da morte.

Um dia, decidimos que tínhamos sido fracas por tempo demais. Precisávamos, ao menos, salvar as mães. Para levar a cabo nosso plano, tínhamos que fazer os bebês passarem por natimortos. Mesmo assim, muitas precauções deviam ser tomadas, porque se os alemães suspeitassem, seríamos mandadas para a câmara de gás – e antes, talvez, para a de tortura.

Quando nos avisavam que uma mulher entrara em trabalho de parto durante o dia, não a levávamos à enfermaria. Estendíamos um cobertor numa das *koias* no fundo do barracão, na presença de suas companheiras.

Quando as dores do parto começavam à noite, nos arriscávamos a levá-la para a enfermaria, porque, ao menos no escuro, podíamos trabalhar e passar praticamente despercebidas. Na *koia*, dificilmente poderíamos fazer um exame decente. Na enfermaria, pelo menos, tínhamos a mesa. Faltava antisséptico, e o perigo de infecção era enorme, até porque estávamos lidando com as futuras mães no mesmo local em que tratávamos os doentes com feridas purulentas.

Infelizmente, o destino do bebê era sempre o mesmo. Depois de tomar todas as precauções, tampávamos as narinas do pequenino e, quando ele abria a boca para respirar, dávamos-lhe uma dose da substância letal. O efeito de uma injeção teria sido mais rápido, mas a picada deixaria uma marca e não podíamos correr o risco de os alemães suspeitarem da verdade.

Colocávamos o bebê morto na mesma caixa em que o teríamos trazido do barracão, caso o parto tivesse acontecido lá. Para a administração do campo, aquela criança era natimorta.

E, assim, os alemães conseguiram nos transformar em assassinas. Até hoje, a imagem daqueles bebês mortos me assombra. Nossos próprios filhos morreram nas câmaras de gás e foram cremados nos fornos de Birkenau, e nós exterminamos a vida de outros tantos antes que seus primeiros vagidos saíssem de seus minúsculos pulmões. Muitas vezes, sento e penso que tipo de destino teriam aquelas pequenas criaturas apagadas no limiar da vida? Quem sabe? Talvez tenhamos matado um pastor, um Mozart, um Einstein. Mesmo que aquelas crianças estivessem destinadas a ter vidas banais, nossos crimes não seriam menos terríveis. O único tímido consolo é que, com aqueles assassinatos, conseguimos salvar as mães. Sem nossa intervenção, seu sofrimento teria sido ainda maior, já que veriam seus bebês serem jogados ainda vivos nos fornos crematórios.

Tento em vão aplacar minha consciência. Ainda vejo as crianças saindo de dentro de suas mães. Posso sentir seus corpinhos quentes, enquanto os segurava. Fico perplexa com os abismos em que aqueles alemães nos lançaram!

* * *

Nossos captores não esperavam os partos para tomar providências contra a fertilidade em Auschwitz. Sem trégua – como em todas as suas medidas, sem exceção, eram intermitentes e sujeitas a mudanças caprichosas –, todas as grávidas eram mandadas para as câmaras de gás.

As grávidas que vinham nos transportes judeus eram mandadas para a esquerda ao desembarcar. As mulheres, de modo geral, usavam várias camadas de roupa, uma por cima da outra, que esperavam poder conservar. Assim, os casos óbvios de gravidez eram difíceis de descobrir antes que as deportadas se livrassem de suas vestimentas. Além disso, elas não podiam contar com um controle que identificasse a gravidez precocemente.

Até mesmo dentro do campo não era fácil determinar quais mulheres formariam uma família. Sabia-se que era extremamente perigoso engravidar. Portanto, as que chegavam grávidas se escondiam como podiam e, para isso, contavam com a ativa cooperação das companheiras.

Por incrível que pareça, algumas conseguiam ocultar o seu estado até o último momento, e os partos aconteciam, em segredo, nos barracões. Nunca esquecerei a manhã em que, durante a chamada, em meio ao silêncio mortal entre milhares de deportados, ouviu-se um grito lancinante. Uma mulher começara a sentir as primeiras dores do parto. Não é necessário descrever o que aconteceu a ela.

Não demorou muito para que os alemães percebessem que nos trens de deportados que chegavam apenas uma porcentagem muito pequena de gestações era relatada. Decidiram tomar medidas mais enérgicas; sempre podemos esperar isso deles.

As médicas do barracão, cujo dever era denunciar as gravidezes, receberam ordens estritas. No entanto, mais de uma vez, vi as médicas desafiarem todos os perigos e atestarem que uma mulher não estaria grávida quando sabiam que estava. A dra. G. enfrentou o infame dr. Mengele, diretor-médico do campo, e negou todos os casos de gravidez que poderiam ser contestados. Mais tarde, a enfermaria do campo conseguiu uma droga que, como uma injeção, provocava o aborto. O que poderíamos fazer? Sempre que possível, os médicos recorriam a esse procedimento, o que era um horror menor para a mãe.

Ainda assim, o número de gravidezes permaneceu incrivelmente baixo, e os alemães recorreram aos seus truques habituais. Anunciaram que as grávidas receberiam tratamento especial. Teriam autorização para ficar fora da chamada, receber uma ração maior de pão e de sopa, e dormir em um barracão especial. Finalmente, prometeram que seriam transferidas para um hospital assim que chegasse a hora do parto. "O campo não é uma maternidade", proclamou o dr. Mengele. Essa declaração tragicamente verdadeira pareceu oferecer esperanças a muitas dessas infelizes.

Por que alguém ali deveria acreditar em qualquer coisa que os alemães dissessem? Primeiro, porque muitas não viam o horror final até que fosse tarde demais para contar a verdade aos outros. Segundo, porque nenhum ser humano poderia compreender quais eram os objetivos que eles tinham em mente, e que eram planejados diariamente, e faziam parte do plano-mestre para conquistar o mundo.

Dr. Mengele nunca perdeu a chance de fazer perguntas indiscretas e impróprias às mulheres. Ele não fez segredo de que se divertiu quando soube que uma das grávidas deportadas não via o marido soldado havia muitos meses. De outra vez, perseguiu uma moça de 15 anos, cuja gravidez era visível desde a chegada ao campo. Questionou-a longamente e insistiu nos detalhes mais íntimos. Quando finalmente satisfez sua curiosidade, mandou-a embora com o bando selecionado em seguida. O campo não era uma maternidade. Era apenas a antecâmara do inferno.

16

PEQUENOS DETALHES DA VIDA POR TRÁS DO ARAME FARPADO

Perto do final de novembro de 1944, a vigilância alemã relaxou um pouco. Foi com gosto que vimos o desaparecimento dos soldados alemães que antes patrulhavam junto à cerca de arame farpado. Agora, os homens e as mulheres dos campos vizinhos estavam relativamente livres para trocar algumas palavras através da cerca.

O espetáculo é inesquecível. Os casais ficavam separados por uma cerca elétrica e tocá-la, ainda que de leve, era fatal. De joelhos na neve, à sombra dos fornos crematórios, faziam "planos" para o futuro e colocavam em dia as últimas fofocas.

Se esses encontros fossem autorizados, ocorreriam fora de perigo. Mas ainda eram proibidos. A pausa era apenas temporária. Bastava um guarda da SS começar a atirar contra o grupo para acabar com a conversa. Vez por outra, um soldado esperto, ou sádico, esperava até uma hora de propósito, para que mais casais se encontrassem. Então, atirar contra uma multidão não seria desperdício de munição. Mas os casais não prestavam atenção a essa ameaça. A natureza humana pode se habituar a qualquer coisa, até mesmo com a onipresença da morte. Por um pouco de prazer, arriscavam correr perigo. E os prazeres eram tão raros, e a vida tão barata em Auschwitz-Birkenau! Numa tarde de domingo, uma jovem húngara de cerca de 20 anos foi levada para a enfermaria. Ela tinha recebido um tiro no olho. Soube que conhecera um deportado francês, um estudante preso como membro da Resistência. Ao se encontrarem diante do arame farpado, se apaixonaram. Nesse dia em especial, um soldado se divertira atirando contra a multidão. A bala acertou o olho direito da moça.

Com o rosto banhado de sangue, a infeliz implorava que lhe disséssemos se ela iria conseguir recuperar a visão. "Se nunca mais puder ver Georges, de que adianta viver? Não quero ficar cega!"

Nós a levamos até o Campo F, onde ela foi operada. Teve o olho direito removido e o esquerdo também parecia estar ameaçado. Mas não podíamos dizer isso a ela. Ao contrário, garantimos que tudo ficaria bem em poucos meses.

Uma hora depois, outra multidão se reuniu diante do arame farpado. O acidente fora esquecido.

A cerca de arame farpado simbolizava o nosso cativeiro. Mas também tinha o poder de nos libertar. Todas as manhãs, os trabalhadores encontravam corpos retorcidos nos fios de alta tensão. Foi assim que muitos escolheram pôr fim aos seus tormentos. Um detalhe especial destacava os cadáveres deformados. A visão desses mortos nos encheu de sentimentos dúbios. Sentíamos muito por eles, pois as mortes eram realmente horríveis, mas também os invejávamos. Eles tiveram a coragem de abandonar uma vida que não merecia ser vivida.

* * *

Nos campos de Auschwitz-Birkenau e, mais tarde, por toda parte, muitas histórias circulavam sobre a tatuagem dos prisioneiros. Alguém poderia pensar que todos os prisioneiros eram tatuados assim que chegavam. Alguns acreditavam que a tatuagem os salvaria de serem enviados para as câmaras de gás, ou que, ao menos, uma autorização especial de Berlim teria de ser necessária antes que um prisioneiro tatuado fosse condenado à morte. Mesmo em nosso campo, muitos estavam convencidos disso.

Como em muitos assuntos, não havia regras fixas. Às vezes, todos os deportados eram tatuados assim que chegavam ali. E, novamente, as regras eram relaxadas e, por alguns meses, os deportados comuns não eram tatuados.

Os prisioneiros de Birkenau eram encaminhados aos seus campos sem números de entrada. Essas formalidades pareciam supérfluas até para os alemães, pois as pessoas serviam apenas de combustível para os fornos crematórios.

As chamadas tatuagens de proteção conferidas aos deportados eram bastante suspeitas. Todas as pessoas que tinham algum tipo de responsabilidade, como as *blocovas* e outras funcionárias inferiores e aquelas que trabalhavam nos hospitais, eram tatuadas. E deixavam de ser *Haftling* para se tornar *Schutzhaftling* (prisioneiras protegidas). No *Schreibstube*, recebiam cartões individuais contendo nome e outros dados. Em casos de morte natural, o cartão continha todas as informações. Em caso de execução, "S.B.", isto é, *Sonderbehandlung* (tratamento especial), era acrescentado. Aqueles que não eram tatuados, não tinham registro de morte nos arquivos. Não passavam de dígitos nas estatísticas de "produção" do campo de extermínio.

A operação de tatuagem era realizada pelos deportados empregados pelo *Politische Buro* (Bureau Político). Usavam uma caneta com ponta de metal, inscreviam o número de registro na pele do braço, das costas ou do peito. A tinta injetada sob a pele era permanente.

Quando um deportado tatuado morria, seu número de registro ficava "disponível" para o deportado seguinte, já que os alemães, por algum motivo, nunca passavam do número 200 mil. Quando chegavam a esse número, iniciavam uma nova série. Os deportados raciais tinham um triângulo, ou uma Estrela de Davi junto ao número.

A operação de tatuagem era dolorosa, e sempre seguida de inflamação e inchaço. Impossível estimar o efeito que exercia sobre o moral. Uma mulher tatuada sentiu que sua vida havia terminado e que ela não passava de um número.

Eu era o número 25.403. Ainda o tenho tatuado no braço direito, e o levarei comigo para o túmulo.

* * *

A tatuagem não era o único método utilizado para estigmatizar os deportados. Os alemães nos marcavam com sinais óbvios para indicar a nacionalidade ou a categoria. Em nossas roupas, acima do coração, usávamos uma insígnia triangular em um pedaço de tecido branco. A letra P significava polonês; a letra R, russo. N. N. (*Nacht und Nebel*) indicava que o portador fora condenado à morte. Esse termo (Noite e Neblina) foi tirado de uma organização secreta holandesa. No campo, não tínhamos ideia do que N. N. significava. Aprendi isso somente mais tarde, com os membros da Resistência.

Havia muitos prisioneiros de guerra polacos e russos, mas o exército francês também estava presente. Alguns nomes ilustres eram o tenente-coronel Robert Blum, cavaleiro da Legião de Honra e chefe do movimento de Resistência na região de Grenoble; o capitão René Dreyfus, cavaleiro da Legião de Honra e sobrinho de Alfred Dreyfus; e o médico-geral Job, que foi morto apesar de seus 76 anos, assim como o coronel e o capitão.

Entre os "anônimos" em Birkenau-Auschwitz, encontramos presos que, antes do cativeiro, chamavam-se Geneviève de Gaulle e Daniel Casanova – ambos importantes membros do movimento de Resistência francesa.

A cor da insígnia variava de acordo com a categoria do interno. Os "associados", assim chamados os sabotadores, as prostitutas, ou qualquer um que tentasse se desviar do trabalho, usavam um triângulo negro. O triângulo verde era reservado aos criminosos comuns. Havia também triângulos rosa e púrpura, mas eram raros. Os rosa indicavam os homossexuais, os púrpura, os adeptos religiosos *Bibelforschers*.[14] A roupa dos internos judeus era marcada com uma listra vermelha nas costas, e o triângulo era pintado com uma faixa

---

14. O Triângulo Púrpura era a identificação dos *Bibelforschers* ou Testemunhas de Jeová. Dentro desse grupo, havia um número indeterminado de adventistas, batistas e pacifistas identificados com essa insígnia. Também havia outros de origem judaica (judeus messiânicos) que, além de portar esse distintivo, ostentavam triângulos amarelos formando uma estrela de seis pontas sobre o triângulo púrpura. (N.T.)

amarela. Em Birkenau, essas insígnias tomavam o lugar das carteiras de identidade.

A propósito, os prisioneiros no campo eram principalmente gentios, em vez de judeus, como muitos leitores ocidentais podem imaginar. A população de Auschwitz era formada quase que por 80% de gentios. O motivo não era segredo para ninguém. A maioria dos judeus era mandada imediatamente para as câmaras de gás e os fornos crematórios. Os eventos que descrevi foram impostos a católicos, protestantes e ortodoxos gregos – a todos que, como os judeus, eram, por uma razão ou outra, considerados dispensáveis pelos captores alemães.

* * *

Birkenau tinha muitas freiras e padres, principalmente poloneses. Alguns eram membros ou tinham colaborado com a Resistência. Outros foram presos após terem sido denunciados ou entregues sem qualquer motivo aparente, apenas por mero capricho.

Práticas religiosas eram proibidas no campo, sob pena de execução sumária. Os alemães consideravam todos os clérigos desnecessários, e lhes atribuíam as tarefas mais árduas. As torturas e humilhações a que os padres eram submetidos foram as mais horripilantes que de qualquer outra pessoa que eu tenha visto. Os clérigos eram usados em diversas experiências, incluindo a castração.

Em 1944, um grande número de sacerdotes chegou a Auschwitz. Foram submetidos às formalidades habituais: banho, corte de cabelo e revista. Os alemães confiscavam seus livros de orações, crucifixos e outros objetos religiosos, e davam-lhes os trapos riscados de prisioneiros. Para surpresa dos funcionários internos, os padres não recebiam ordem de serem tatuados. Mas os alemães não faziam nada sem maldade. Mesmo antes de os sacerdotes entrarem nos "banhos", o governo lhes prometia que seriam mortos naquela mesma noite.

No final de setembro, um ministro protestante da Inglaterra e L receberam ordens para esvaziar uma enorme vala cheia de água.

"Vocês são as Forças Aliadas, e a água na vala é a força alemã!", gritou o guarda da SS. "Esvaziem a vala!"

Os dois homens carregaram baldes de água durante várias horas, arfando, porque os alemães ficavam olhando, batendo o chicote e rindo. A água continuava no mesmo nível. A vala era alimentada por uma fonte. Esse era o humor alemão.

No hospital, conheci muitas freiras deportadas. Uma se tornou minha amiga íntima. Desde a queda da Polônia, passara por diversas prisões e, durante os interrogatórios, fora maltratada e espancada. Os alemães nunca a acusaram de nenhum crime específico. Se tivessem feito isso, ela poderia ter sido condenada à prisão e tido uma vida mais fácil que no campo.

Em Birkenau, a freira sofreu humilhações inacreditáveis. Quando tiraram o seu hábito, os soldados alemães tiveram a ideia de vesti-lo. Para apimentar a brincadeira, dançaram de forma obscena na sua frente. Forçaram-na a marchar diante das tropas da SS sem roupa. Esse era um tipo de esporte alemão.

Os alemães amealharam os hábitos das freiras e os entregaram às prostitutas nos bordéis.

Em nosso campo, as freiras viviam da mesma forma que nós. Suas privações mais severas, ouso dizer, vinham das restrições à vida religiosa: sem missa, sem confissão, sem sacramentos.

Uma freira de cerca de 30 anos foi levada até o nosso hospital depois de ter passado por experimentos com raios X. Apesar da dor causada por esse tipo de "exame", ela suportou o sofrimento com grande coragem. Orou em silêncio durante o dia todo e não pediu nada. Quando perguntamos como se sentia, ela respondeu: "Obrigada. Há muitos que sofreram muito mais do que eu".

O sorriso paciente que ela demonstrava era uma tortura para nós, mas também uma inspiração. Sabíamos o quanto ela estava sofrendo. E não havia nada que pudéssemos fazer.

Enquanto estava sendo revistada após a chegada, a freira protestou quando lhe tiraram o rosário e os santinhos. Os alemães a espancaram, arrancaram os objetos sagrados de suas mãos e os pisotearam.

Mesmo assim, ela declarou, sem medo: "Nenhuma nação pode existir sem Deus".

Os alemães poderiam tê-la matado imediatamente. Mas sabiam que a morte seria fácil em comparação aos seus outros métodos. Por isso a mandaram para a estação experimental. De lá, ela foi encaminhada para o nosso hospital. Após alguns dias, os alemães anunciaram que iriam transferi-la para outro "campo".

Passamos horas terríveis esperando que viessem buscá-la. Estávamos nervosas, algumas choraram. Mas a freira continuava com uma expressão calma.

"Não sintam pena de mim", disse ela. "Estou indo ao encontro do meu Senhor. Mas devemos nos despedir. Vamos rezar."

Silenciosamente, as outras mulheres, protestantes, católicas ou judias, rezaram com ela. Mesmo aquelas que haviam perdido a fé juntaram-se a nós para confortar suas últimas horas. Ainda estávamos rezando quando os alemães chegaram com o caminhão da morte.

Os padres e as freiras do campo provavam que tinham força de caráter. Raramente se via essa qualidade nos prisioneiros, exceto entre os deportados que tinham fé em um ideal. Além dos clérigos, apenas os membros ativos da Resistência, ou os comunistas militantes, tinham esse espírito.

Muitos padres foram executados logo após a chegada ao campo. Em geral, aqueles que escapavam da primeira seleção sucumbiam a doenças. O restante era conduzido à morte com deliberação demoníaca. As freiras e os padres dos países martirizados pagaram um pesado tributo aos alemães.

* * *

No Campo D, que recebia homens, um barracão era reservado aos meninos. Uma tarde, a SS reuniu todos os jovens, fez a chamada e procedeu à seleção. Não sei como haviam conseguido sobreviver à seleção inicial na chegada, a menos que, por algum motivo, não tenha sido feita naquele momento. O procedimento era bizarro. Esticavam uma corda até certa altura. Todos que estivessem abaixo dessa medida eram automaticamente encaminhados às câmaras de gás. De cada cem crianças, apenas cinco ou seis sobreviviam.

No final da tarde, os internos adultos olhavam aturdidos, enquanto vinte caminhões carregados com aquelas crianças, nuas, tremendo de frio, afastavam-se em direção a Birkenau. Assim que os caminhões passavam, elas gritavam seus nomes para que os pais soubessem que estavam ali.

A maioria dos meninos condenados sabia qual seria o seu destino. E era espantoso que se preocupassem com seus pais. Aparentemente, o campo os amadureceu, pois aceitaram a notícia com mais sangue-frio que os adultos mais corajosos jamais conseguiriam.

Um dos internos me disse que estava no barracão enquanto esperavam pelos caminhões. As crianças estavam sentadas no chão, de olhos esbugalhados, em silêncio. Ele perguntou a um rapaz: "Como vai, Janeck?". Com um ar pensativo, o menino respondeu: "Tudo é tão ruim aqui que 'lá' só pode ser melhor. Não estou com medo".

Conversei com um menino de 12 anos do campo tcheco que estava andando junto ao arame farpado à procura de algo para comer. Depois de falar com ele por alguns minutos, eu lhe disse: "Karli, sabia que você é muito inteligente?".

"Sim", ele respondeu. "Sei que sou muito inteligente, mas sei que nunca terei a chance de ser mais inteligente. Isso que é trágico."

Circulou a história por todo o campo sobre a coragem de um menino antes de subir no caminhão que o levaria para a câmara de gás.

"Não chore, Pista", implorou a outro menino húngaro. "Não viu que nossos avós, pais, mães e irmãs foram mortos? Agora é a nossa vez."

Antes de entrar no caminhão, virou-se para o SS com olhar sombrio e disse ao alemão: "Há uma coisa que me dá prazer; muito em breve você irá coaxar também".

Naquela noite, enquanto limpava a latrina dos hospitais, vi-me ajudada por um grupo de garotos de 15 ou 16 anos do Campo D. Esses eram os únicos sobreviventes da exterminação em massa. Confidenciaram a mim que os membros do *Sonderkommando*, embora calejados pelos homicídios que eram obrigados a praticar, ficaram tão indignados, que, correndo risco de morte, deixaram algumas vítimas escapar. Essas crianças se juntaram aos seus companheiros. Ninguém sabia quanto tempo ficariam livres antes que os alemães descobrissem.

Mais uma vez as mães do nosso campo passaram uma noite em claro. Como conseguiriam dormir? Viviam assombradas com medo de que seus filhos tivessem sido exterminados no Campo D. Muitas ainda não acreditavam que a maioria havia sido morta assim que chegaram.

* * *

O Campo E recebia os ciganos. A maioria de seus 8 mil ocupantes era da Boêmia que haviam sido trazidos da Alemanha. Havia também alguns da Hungria, Tchecoslováquia, Polônia e até da França. Por algum tempo, suas condições eram melhores que em outros campos. Vestiam-se de modo quase elegante, enquanto nos vestíamos como espantalhos. Tinham boa comida, gozavam de liberdades proibidas a outros internos. Vez por outra, abusavam desses privilégios e, quando tinham chance, exploravam os outros deportados, para divertir os alemães.

Então, um dia, tudo mudou.

No dia 1º de agosto, o médico-chefe alemão reuniu todos os médicos internos do Campo E e os obrigou a assinar um documento declarando que graves epidemias de tifo, escarlatina e outras doenças haviam se espalhado pelo campo.

Um médico teve a coragem de lembrar aos alemães que havia poucos doentes nesse campo e nenhum caso de doença contagiosa.

O médico-chefe da SS respondeu, ironicamente: "Já que tem tanto interesse pelo destino desses internos, irá acompanhá-los até o seu novo lar". Por "novo lar", ele queria dizer, é claro, forno crematório.

Poucas horas depois, os caminhões chegaram. A partida dos ciganos foi marcada por vários incidentes. Suspeitando o que lhes iria acontecer, alguns tentaram se esconder no telhado, nos banheiros e nas valas. Foram resgatados um a um.

Não consigo esquecer o grito de uma das mães, uma cigana húngara. Ela se esqueceu de que a morte estava à espera de todos. Pensou apenas em seu filho, quando implorou: "Não tirem meu garotinho de mim. Não veem que ele está doente?".

Os gritos dos SS e o choro das crianças despertaram os ocupantes dos campos vizinhos. Testemunharam, horrorizados, a partida dos caminhões. Mais tarde, naquela noite, as longas chamas vermelhas emergiam das chaminés do crematório. Que crime os ciganos haviam cometido? Eram uma minoria, e isso era o suficiente para condená-los à morte.

* * *

O extermínio dos judeus – poloneses, lituanos, franceses – foi realizado em grupos pelas regiões nacionais. O dos judeus da Hungria ocorreu no verão de 1944. Esse extermínio em massa não teve precedentes, nem mesmo nos anais de Birkenau. Em julho de 1944, os cinco fornos crematórios, a misteriosa "casa branca", e a cova da morte funcionaram em capacidade máxima.

Dez ônibus chegavam diariamente. Não havia trabalhadores suficientes para transportar toda a bagagem, por isso formavam-se enormes pilhas que ficavam na estação por vários dias.

Acrescentaram um turno extra aos *Sonderkommando*. Ainda não foi suficiente. Ao menos 400 gregos do transporte de Corfu e Atenas foram enviados para o *Sonderkommando*. Algo realmente incomum aconteceu. Esses 400 demonstraram que, apesar do arame farpado e dos chicotes, eles não eram escravos, mas seres humanos. Com rara dignidade, os gregos se recusaram a matar os húngaros! Declararam preferir morrer antes. Infelizmente, foi o que aconteceu. Os alemães se incubiram de fazer isso. Os camponeses gregos demonstraram ter grande coragem e caráter. Pena que o mundo pouco saiba sobre eles!

Com tantas almas extras a serem liquidadas, as instalações de extermínio foram literalmente inundadas. Prédios adicionais precisaram ser usados como câmaras de gás. Grandes valas foram cavadas, preenchidas com corpos e cobertas com madeira. Não havia tempo a perder. Aqueles que ainda não tinham morrido com gás eram jogados nas valas e cremados junto com os outros. Essa era a eficiência alemã.

O extermínio em massa foi realizado com a cumplicidade ativa do governo húngaro pró-Alemanha. A Hungria foi o único país a enviar comissões oficiais aos campos para chegar a um acordo com a administração sobre o ritmo e a velocidade da deportação. As autoridades fascistas em Budapeste cooperaram enviando policiais húngaros para escoltar os deportados, uma medida que nenhum outro governo europeu adotou por mais colaboracionistas que suas políticas fossem.

A chegada dos policiais húngaros em Auschwitz, que eu testemunhei, provocou uma cena inacreditável. Deportados húngaros que haviam chegado nos trens anteriores reconheceram os uniformes e aplaudiram os policiais. Estavam com tantas saudades de casa que correram até o arame farpado e demonstraram alegria cantando e soluçando. Juntos, cantaram o hino nacional. Pensaram que a polícia viera resgatá-los. Foi um drama tragicômico, pois os convidados aclamados com tamanho fervor tinham vindo entregar seus companheiros à SS nazista. Se os soldados do campo não tivessem intervindo, os prisioneiros teriam sufocado os compatriotas em seus braços. Algumas chicotadas e tiros os separaram dos policiais, cujos capacetes, encimados com penas de galo, lembraram os internos das planícies húngaras e das colinas de Buda, diante das águas prateadas do Danúbio.

17

OS MÉTODOS E AS SUAS LOUCURAS

Auschwitz era um campo de trabalho, enquanto Birkenau era um campo de extermínio. Mas havia alguns *kommandos* de trabalho em Birkenau para efetuar várias tarefas manuais. Fui forçada a participar da maioria desses esquadrões, vez por outra.

Primeiro, havia o *Esskommando*, isto é, aqueles que transportavam alimentos. Depois da chamada matinal, eu ia às cozinhas com minhas companheiras buscar as panelas de comida. Tínhamos que levá-las para o hospital a quase 800 metros de distância. Ao menos era um trabalho útil, do qual só poderíamos nos queixar por ser fatigante.

Havia, porém, tarefas perfeitamente inúteis. Estávamos convencidas de que um desequilibrado mental inventara essas atividades com a intenção de enlouquecer a todas nós. Recebíamos ordens, por exemplo, para carregar pilhas de pedras de um lugar para outro. Cada interna tinha de encher dois baldes até a borda. Então nos arrastávamos por centenas de metros e depois os esvaziávamos. Tínhamos que cumprir essa tarefa estúpida e sem propósito. Depois que as pedras haviam sido removidas, respirávamos aliviadas, esperando fazer algo mais sensato. Imagine como nos sentíamos quando nos ordenavam pegar as pedras de volta e carregá-las para o mesmo lugar de onde tinham saído! Aparentemente, nossos captores queriam que repetíssemos o clássico trabalho de Sísifo.

Às vezes, em vez de pedras, tínhamos que carregar tijolos ou até lama. Essas funções pareciam ter apenas um propósito: quebrar a nossa resistência física e moral para nos moldar às seleções.

Uma vez, fui enviada ao *Scheisskommando*, ou esquadrão de limpeza de latrinas. Munidas com dois baldes, chegávamos todas as manhãs ao fosso atrás do hospital. Retirávamos baldes cheios de excrementos e os levávamos a algumas centenas de metros para outro poço. Assim era feito o dia todo. Finalmente, nauseadas e enojadas, nos lavávamos da melhor forma que podíamos e íamos nos deitar, sabendo que pela manhã teríamos que fazer de novo a mesma coisa.

O cheiro que exalava de minha colega de trabalho do *scheisskommando*, que dormia ao meu lado, deixava-me literalmente doente. Devo ter tido o mesmo efeito sobre ela.

Auschwitz-Birkenau estava situada em um terreno pantanoso e sempre enlameado. A lama era uma inimiga dissimulada e poderosa. Penetrava em nossos sapatos, nas roupas, e até umedecia as solas, o que fazia com que nossos pés inchados ficassem ainda mais pesados. Quando chovia, o campo se transformava em um mar de lama, paralisando o trânsito e tornando cada tarefa muito mais difícil. A lama e o crematório eram as nossas maiores obsessões.

Alguns *kommandos* trabalhavam fora do campo. Estavam no *Aussenkommando*. Saíam cedo, debaixo de sol ou chuva. Os membros desses esquadrões tinham que fazer o trabalho em jejum, sem comer absolutamente nada, exceto beber o líquido amarelado que os cozinheiros chamavam de chá ou café. A saída dessas prisioneiras, algumas com roupa de dormir esfarrapada, outras com pijamas listrados, tamancos de madeira ou botas desparceiradas, era um espetáculo chocante. Tremendo com o frio matinal, batendo os dentes, os rostos molhados de lágrimas, eram forçadas a cantar enquanto marchavam. Que alegria se pode ter cantando em Auschwitz? Mas tinham que marchar e não sair das filas, pois os ferozes cães policiais da SS, treinados pelos alemães, saltavam na garganta das que se desviavam das fileiras ou ficavam para trás.

O trabalho no campo era desgastante. Nossos supervisores nos vigiavam de perto para se certificar de que não pararíamos para recuperar o fôlego. As retardatárias eram sempre espancadas com porretes ou chicoteadas.

Se, no final das forças, uma interna desmaiasse, recebia uma cacetada para se reanimar. Se não adiantasse, seu crânio era esmagado com um porrete ou chutado com as botas. Depois disso, não precisaria responder à chamada.

Os desmaios eram bastante comuns, porque os *kommandos* incluíam as doentes. Vi mulheres com pneumonia caminhando com dificuldade os 5 quilômetros do campo até o local de trabalho e cavando o dia todo para não serem enviadas ao hospital. Elas sabiam muito bem que o hospital era apenas uma antecâmara do crematório. Mesmo as que estavam dispostas a ir para o hospital nem sempre podiam chegar lá. Para ser admitida, era preciso estar com febre muito alta. Fácil compreender por que as internas morriam como moscas nos meses chuvosos e frios.

Certa vez, quando saímos dos campos, um soldado empunhando um chicote nos parou para interrogar uma mulher *Musselman*. "Há quanto tempo está aqui?", ele gritou.

"Há seis meses", respondeu a pobre mulher. Ela era professora, mas não ousava levantar os olhos para o SS, que antes fora seu cabeleireiro.

"Temos que punir você", declarou o alemão com força. "Você não tem senso de disciplina. Uma prisioneira 'correta' estaria morta há três meses. Está atrasada três meses, sua vagabunda miserável!" Depois de dizer isso, ele a chicoteou até ela cair inconsciente.

Quando qualquer interna caía no meio do trabalho, talvez em decorrência das surras da SS, tínhamos a obrigação de carregá-la de volta para o campo. Era imperativo que a fileira estivesse completa para a última chamada. Eram as regras.

Nosso cortejo fúnebre era recepcionado no campo pela orquestra das internas que tocava músicas alegres na entrada, pois as regras determinavam que deveria prevalecer um espírito alegre no final do dia de trabalho.

* * *

De tempos em tempos, os alemães desinfetavam o campo. Se feita racionalmente, essa medida teria contribuído para aprimorar nossas condições higiênicas. Mas, como tudo o mais em Auschwitz-Birkenau, a desinfecção era realizada de modo zombeteiro e só aumentava a taxa de mortalidade. Era parte da ideia.

A desinfecção começava com o isolamento de quatro ou cinco barracões. Tínhamos que nos apresentar por barracão no banheiro. Nossas roupas e sapatos, itens que foram adquiridos à custa de grandes privações, eram levados e colocados em um forno de fumigação, enquanto passávamos debaixo de um chuveiro.

A operação durava apenas um minuto, o que não era suficiente para nos limpar. Depois de sermos esguichadas com um desinfetante na cabeça e nas partes pudendas, éramos conduzidas para a saída. Aquelas que tivessem piolhos, tinham os cabelos raspados novamente.

Depois de sair do banheiro, tínhamos que ficar do lado de fora, sem roupa, independentemente do tempo que fizesse ou da estação do ano. Tínhamos que esperar até que a fileira estivesse perfeitamente formada, embora muitas vezes demorasse mais de uma hora para isso acontecer. Se pegássemos pneumonia, tudo bem.

Tremendo, voltávamos para o nosso barracão. Aquelas que esperavam se aquecer percebiam que Birkenau não era um lugar para otimistas. Enquanto estávamos fora, os poucos cobertores haviam sido retirados. Só nos restava esperar até que nos fossem devolvidos. A administração não tinha pressa. Continuávamos a tiritar nas tábuas lisas das *koias*.

Finalmente, devolviam nossas roupas. Mesmo isso não era feito sem erros. Nunca devolviam tudo que haviam levado. Certa vez, desinfetaram 1,4 mil mulheres, mas devolveram roupas apenas de 1,2 mil. As 200 infelizes, cujas roupas haviam desaparecido, não tinham outro recurso senão recorrer à "organização". Enquanto esperavam, teriam apenas uns poucos cobertores para aquecê-las.

Como mencionei antes, havia apenas um cobertor para cada dez mulheres, então surgiam brigas violentas entre as que tinham que compartilhar um único cobertor. Além disso, cada uma achava que tinha o direito de usá-lo durante o dia.

As mulheres sem roupas e sem cobertores eram obrigadas a comparecer despidas às chamadas. Não se podia permanecer no barracão e não responder à chamada.

Os guardas da SS sabiam por que nossas companheiras apareciam nuas. Mas sempre batiam nessas "traidoras" sem-vergonha. E a administração exterminava as que estavam despidas em primeiro lugar.

Fazíamos tudo o que estivesse ao nosso alcance para ajudar essas pobres criaturas, mas tínhamos poucas roupas para dividir. Uma tirou a anágua, outra cedeu um calção, outra ainda deu o sutiã. Uma prisioneira não teria nada para vestir por vários dias, exceto uma blusa que cobria apenas seus braços e ombros.

Em nossa aflição, L nos prestou serviços inestimáveis. Seu amigo no armazém de roupas "arranjava" três ou quatro blusas e calções por dia. Mas a "organização", embora ativa, não era suficiente para atender às nossas necessidades.

Depois de cada desinfecção, os barracões ficavam visivelmente mais vazios. Os corpos eram colocados atrás do barracão, para grande alegria dos ratos, que eram os ocupantes mais felizes de Auschwitz-Birkenau. Esses roedores, engordando com a carne morta de nossas infelizes companheiras, sentiam-se tão à vontade que era inútil tentar expulsá-los do barracão. Não tinham medo de nós. Ao contrário, talvez acreditassem que seriam os verdadeiros patrões do lugar.

* * *

Meu cativeiro, como o de outras internas, foi marcado por várias "mudanças de residência". Tive que me mudar para três campos diferentes, meu trabalho foi alterado inúmeras vezes. Na maioria delas, trabalhava no serviço de saúde, na enfermaria ou no hospital, mas também era encarregada de tarefas domésticas, como a limpeza de latrinas e o trabalho nos campos. Um capricho da *blocova* ou uma evacuação casual era o suficiente para mudar minha situação de um extremo a outro. No final do outono de 1944, eu estava no esquadrão das latrinas e apenas por muita sorte consegui voltar para o hospital logo depois.

No início de dezembro de 1944, restavam somente dois campos de mulheres. Os outros foram evacuados, ou as internas tinham sido exterminadas. Eram o B-2, um campo de trabalho, e o E, antes "residência" dos ciganos, que agora incluía os blocos hospitalares.

As internas do B-2 trabalhavam nas fábricas de tecelagem, onde eram montados os fusíveis detonadores. As condições ali eram miseráveis. As trabalhadoras passavam o dia em blocos cheios de montes de lã suja, que chegavam a um ou dois metros de altura. A menor agitação provocava redemoinhos de poeira que entupia as vias aéreas e sufocava os pulmões. Sem água, nem sonhavam em se lavar. Não é de admirar que o hospital estivesse lotado de internas do B-2.

Duas vezes por semana, as doentes da tecelagem eram levadas para o Campo E. Aquelas que não conseguiam mais andar eram transportadas em caminhões ou em carrinhos de mão; o resto se arrastava, apoiando-se umas nas outras. Não pude deixar de pensar no coxo que conduz o cego. Por causa de uma regra estúpida, as doentes, sem importar quão doentes estivessem, tinham que passar sob os chuveiros antes de serem hospitalizadas. Muitas vezes, desmaiavam. Às vezes, nos atrevíamos a ignorar essa regra desumana e levávamos as que estavam sofrendo direto para o hospital – que estava sempre cheio, em condições praticamente deploráveis.

A desnutrição e as epidemias reduziram a 30% o número de internas entre nós. Duas ou três, às vezes quatro, pacientes tinham que dividir um beliche. Comprimidas, sofriam junto com as companheiras de leito. Em vez de se curar, uma paciente podia contrair uma nova doença no hospital. Devido à proximidade, era impossível evitar o contágio.

Esse lugar terrível oferecia um rico campo para a observação da patologia da desnutrição. Edemas, diarreias persistentes, que os alemães chamavam de "crises mortíferas", furúnculos, deficiências vitamínicas e pneumonia eram as doenças mais comuns. Também tivemos casos contagiosos, de difteria, escarlatina e tifo, propagados por miríades de piolhos que abundavam no campo.

Travava-se de uma guerra implacável entre piolhos e prisioneiras, em que os parasitas em geral saíam vencedores. As desinfecções ridículas não desencorajavam nossos adversários, e não tínhamos tempo nem forças para lutar contra um inimigo que se multiplicava em ritmo acelerado. Todos estavam infestados: os que trabalhavam nos *kommandos*, os que ficavam no barracão e os que estavam no hospital. Os piolhos estavam por toda parte: nas roupas, nas *koias*, nos cabelos, nas barbas, até nas sobrancelhas. Eles até se arrastavam sob as ataduras que recobriam a pele dos doentes. Eu dizia a mim mesma que, se tivéssemos ficado por mais tempo no campo, estaríamos todos mortos, exceto os ratos e os piolhos.

Nos últimos meses de nossa estada no Campo E, houve algumas melhorias. A *Lageraelteste* (a pequena Orli) atacou os piolhos sem piedade. Pegou as roupas das internas e deixou-os morrer de exposição, em vez de permitir que se reproduzissem.

Na luta contra os vermes, nós que trabalhávamos no hospital éramos relativamente privilegiadas. Estávamos um pouco menos lotadas em nosso dormitório e tínhamos a preciosa bacia furada. Além disso, não nos atrevíamos a abandonar o campo às pragas, pois estávamos constantemente expostas a elas e, a cada exame, as doentes "repassavam" uma profusão delas para nós. Tínhamos sessões diárias de desinfecção, e sempre encorajávamos as pacientes a fazer o mesmo. Se fôssemos mais numerosas e estivéssemos mais bem equipadas, os piolhos jamais teriam dominado a cena. Sabíamos ser nossa falha e sofremos muito por causa disso.

Não havia espetáculo mais reconfortante que o das mulheres que se limpavam completamente à noite. Elas passavam o esfregão umas nas outras com determinação para arrancar a sujeira e os piolhos. Era a única forma de enfrentar os parasitas, nossos carcereiros e todas as forças que nos vitimizavam.

* * *

Todos os internos de Auschwitz-Birkenau tinham apenas um sonho, o de *fugir*. Centenas de milhares de deportados entraram nesses campos, mas o número dos que conseguiram sair por livre e espontânea vontade foi ínfimo. Durante toda a minha estada, ouvi falar apenas de quatro ou cinco fugas que terminaram bem. Mas, mesmo nesses casos, as saídas não eram totalmente seguras.

O sistema alemão era assustadoramente eficaz. Os soldados eram recompensados por atirar nos prisioneiros que fugiam. Primeiro, tinha o arame farpado com sua corrente de alta tensão. Depois havia os "miradores", cães que ficavam do lado de fora, treinados especialmente para capturar os fugitivos. No momento em que davam pela falta de alguém, os guardas da SS colocavam em ação um rigoroso conjunto de medidas. Uma sirene soava. Quando ouvíamos esse som terrível que perfurava nossos ouvidos, sabíamos o que significava: alguém tentara fugir. Tremíamos e rezávamos para que conseguisse. Sentíamos um misto de alívio e inveja, pois queríamos que quem fugisse do inferno contasse ao mundo o que estava acontecendo em Birkenau, para poderem vir nos libertar. E se os Aliados explodissem o forno crematório? O ritmo do extermínio seria ao menos atrasado.

Mas a perseguição começava quase que imediatamente, sem perder um minuto sequer. À noite, poderosos holofotes vasculhavam as áreas vizinhas, e patrulhas com cães policiais rondavam a região. Infelizmente, o fugitivo não contava com ajuda dos locais. Três ou quatro dias de fome e sede abatiam os que, por milagre, haviam conseguido escapar dos perseguidores. Era, é claro, impraticável entrar em qualquer cidade para encontrar comida, até os fugitivos terem trocado seus trapos por trajes menos indiscretos.

Não havia praticamente qualquer chance de fugir sem a cooperação dos guardas. Vários deportados presos ali havia muito tempo, que adquiriram ouro ou pedras preciosas no "Canadá", subornavam alguns soldados. Outros obtinham, de maneira excusa, é claro, uniformes da SS, mas mesmo esses preparativos não garantiam que a fuga fosse bem-sucedida.

No verão de 1944, um operário polonês ariano que trabalhava na seção B-3 conseguiu dois uniformes da SS, um para ele e outro para uma judia polonesa, por quem ele havia se apaixonado. Ambos estavam no campo havia muito tempo. Escaparam de Birkenau por Auschwitz e chegaram à aldeia. Passaram duas semanas felizes, uma verdadeira lua de mel após tantos anos de cativeiro. Sentiram-se tão seguros com os uniformes da SS que relaxaram a vigília e começaram a passear pelas ruas da aldeia. Um oficial da SS notou uma discrepância na aparência da mulher e imediatamente pediu seus documentos. Naturalmente, ambos foram presos.

As regras estabeleciam que os fugitivos que retornavam ao campo deviam sofrer um castigo exemplar na presença de todos os detentos. Primeiro, seriam obrigados a fazer as rondas no campo carregando um cartaz onde estaria escrito o crime pelo qual haviam sido condenados. Depois disso, eram enforcados no meio do campo, ou enviados para as câmaras de gás.

O operário polonês e a companheira demonstraram uma grande coragem. Diante da multidão de internos, a jovem se recusou a carregar o cartaz!

Os alemães ficaram estupefatos. Um guarda da SS espancou-a brutalmente. Então aconteceu algo inacreditável. Reunindo todas as suas forças, a jovem socou o queixo do torturador.

Um murmúrio de espanto percorreu a multidão de prisioneiros. Alguém revidara! Fumegando de raiva, os alemães se atiraram em cima da moça. Ela recebeu uma chuva de golpes e de chutes que a derrubaram. Seu rosto ficou coberto de sangue, seus membros foram quebrados.

Triunfante, o chefe da SS pendurou no pescoço da jovem o cartaz que ela se recusara a carregar. Um caminhão veio buscá-la. Foi jogada dentro do veículo como um saco de farinha. Ainda assim, a jovem, semimorta, com um olho vazado e o rosto sangrando, levantou-se e gritou: "Coragem, amigos! Eles irão pagar! A libertação está próxima!".

Dois alemães subiram no caminhão e a pisotearam até ela se calar, e ainda a chutaram quando o caminhão se afastou.

Pouco depois, fiz uma inspeção na enfermaria durante minha hora de descanso. Para minha surpresa, Tadek, o jovem polonês de olhos azuis que mencionei antes, entrou. Já não era o mesmo Tadek que me fizera aquela proposta no banheiro três meses antes. Estava alquebrado, magro, pálido e fraco.

Sem me cumprimentar, ele se sentou. De repente, declarou: "Estou planejando fugir amanhã. Está tudo pronto. Não pensei em mais nada durante todos esses anos. Talvez dê certo, mas é mais provável que eu seja capturado e morto. Realmente, não me importo. Não aguento mais".

Ele fez uma pausa. "Antes de partir, quero lhe dizer que, quando fiz a proposta a você, eu não estava doente. Antes da guerra, eu era um professor universitário em Varsóvia. Se algum dia sair deste campo, procure-me lá e eu procurarei por você na Transilvânia." Ele pronunciou cada palavra com clareza, e acrescentou: "De qualquer forma, não pode me odiar mais do que eu odeio e abomino a mim mesmo".

Ele foi até a porta, porém se virou de repente. Em seu olhar, percebi a mesma compaixão que pensei ter reconhecido em sua voz algum tempo atrás.

Dias depois, os companheiros de Tadek que trabalhavam em nosso campo me disseram que ele e o irmão mais novo haviam fugido. Enganaram todos os guardas e chegaram à "terra de ninguém", cerca de 1 quilômetro das linhas russas. Estavam com muita sede, pois não tinham bebido nenhum gole de água em 48 horas. Ao passarem por um poço, Tadek parou. Seu irmão continuou. Tadek estava matando a sede quando uma patrulha alemã o avistou. Eles o prenderam. Percebendo que estava perdido, evitou seguir na direção que seu irmão havia tomado, para não traí-lo. O irmão conseguiu fugir, mas Tadek foi trazido de volta para o campo e colocado num *bunker*.

Os *bunkers* eram celas subterrâneas. Sem ar nem luz, eram tão exíguas que os prisioneiros tinham que passar a noite em pé. Durante o dia, eram levados para fazer o trabalho mais repugnante, sem ter comido praticamente nada. Tadek recebeu apenas uma pequena ração de pão em três dias.

Passados três ou quatro dias, o homem mais forte sucumbia a esse tipo de tratamento. Tadek aguentou por várias semanas. Quando finalmente decidiram matá-lo, não restava mais nada do ser humano que eu havia conhecido.

* * *

Quando as fronteiras do Grande Reich retrocederam sob os ataques dos Aliados, os alemães evacuaram os campos ameaçados pelos avanços. Por isso, os internos de vários campos foram levados para Auschwitz. Quando chegasse a sua vez, Auschwitz seria transferido para o interior do Reich.

Os internos do campo de Brassov, na Polônia, foram os primeiros a ser transportados para Auschwitz. Os recém-chegados foram designados para o B-2, o antigo campo tcheco. Eles perderam muitos de seus familiares durante a viagem. Muitas "voluntárias" ficaram confinadas em Brassov. Algumas ganharam meios de subsistência justos e usaram suas companheiras de campo, as internas, para lavar, fazer reparos e limpar. Com as poucas moedas que recebiam das "voluntárias", as internas reduziam seu sofrimento comprando itens adicionais na cantina. Não havia maravilhas ali, mas aquele pequeno mercado era muito procurado. Além disso, Brassov fora um campo de trabalho com um moinho de fiar em funcionamento e não um campo de extermínio. Essas internas desconheciam os fornos crematórios. Ali, os alemães usavam as metralhadoras nas florestas próximas para fazer execuções em massa de prisioneiros russos, poloneses e franceses.

A evacuação de Brassov foi feita às pressas. Fizeram a chamada no meio do dia. Os internos foram levados para os vagões ferroviários onde foram empilhados como animais. Os prisioneiros que trabalhavam fora do campo tiveram sorte. Quando regressaram naquela noite, foram recebidos pelas tropas soviéticas que tinham acabado de ocupar a região.

Entre os evacuados em Auschwitz, por causa das operações militares, havia um grande contingente de judeus do gueto de Lodz. Graças a uma médica polonesa, consegui obter uma imagem precisa da vida naquela cidade durante a ocupação.

O gueto estava cercado por uma grande vala com água, onde os soldados alemães montavam guarda com metralhadoras. Dentro, os judeus podiam circular livremente em determinadas horas, mas na maior parte do tempo eram obrigados a trabalhar para a Wehrmacht. Fabricavam uniformes da SS e bordavam os colarinhos dos uniformes com as famosas insígnias com a caveira da morte. Os doentes eram tratados pelos seus próprios médicos. A comida no gueto era horrível, a taxa de mortalidade extremamente alta.

A evacuação desse gueto foi feita de surpresa. Mais uma vez, os alemães recorreram aos seus métodos hipócritas para economizar mão de obra. Muitos homens foram detidos e levados para a estação. Quando as esposas e mães desesperadas perguntavam por eles, informavam-lhes que os homens iriam trabalhar na Alemanha e que elas poderiam acompanhá-los. Não é necessário repetir como as judias de Lodz e seus filhos acorreram para a estação, carregando o que tivessem de mais precioso. Os alemães filmaram as cenas e as exibiram nos noticiários para contradizer os rumores de que teriam usado de coação!

Os homens, as mulheres e as crianças do gueto de Lodz estavam agora em campos de extermínio, principalmente em Birkenau.

Tive que tratar alguns deles na enfermaria. Estavam em estado deplorável, com o moral descido ao mais baixo nível. De todos os doentes, ouso dizer que eram os mais delicados e os menos capazes de resistir à dor; em seguida vinham os gregos, os italianos, os iugoslavos, os holandeses, os húngaros e os romenos. Os mais estoicos, pela minha experiência, eram os franceses e os russos.

Os internos de Brassov e os judeus de Lodz não foram os únicos recém-chegados. Recebemos também um grande número de resistentes e outros "indesejáveis" do Ocidente. Em setembro de 1944, antes da libertação dos Países Baixos, foram trazidos muitos belgas. Judeus de Teresienstadt também chegaram; nos trens diários de deportação, havia gregos e italianos. Os italianos tinham estado nas prisões da península; à medida que os Aliados avançavam, as prisões foram esvaziadas e seus ocupantes despachados para Birkenau. Com o moral minado, a maioria desses antigos prisioneiros teve dificuldade de se adaptar às condições do campo. Eram frequentes os suicídios entre eles.

As chegadas desse contingente de pessoas causavam mudanças no campo. Mais do que nunca, Birkenau tornou-se uma verdadeira "Torre de Babel", com todo o tipo de língua falada e diferentes costumes. O único elemento "estável" era o antigo *Schutzhaftling*, funcionários do campo que oprimiam cruelmente os recém-chegados. Eram os servos irracionais do Estado alemão.

Birkenau recebeu também internos dos campos de trabalho próximos que não tinham mais utilidade para a máquina de guerra alemã. Auschwitz-Birkenau costumava mandar os internos mais robustos para a região de Ravensbruck, onde havia muitas fábricas de armas. Aqueles que adoeciam eram mandados de volta sob pretexto de precisarem de cuidados médicos. Estavam realmente enfraquecidos e desanimados, sem vontade de viver.

Os corpos dos que haviam sido executados nos campos próximos foram enviados para Birkenau. Nossos fornos crematórios serviam uma vasta região. A preferência alemã pela cremação não se devia a considerações higiênicas; poupava enterros e permitia o recolhimento de uma grande quantidade de materiais preciosos.

Alguns trens chegavam a Birkenau partindo de Birkenau! Um dia, anunciaram que um trem levaria internos para a Alemanha para trabalhar nas fábricas. Tudo isso aconteceu como se fosse um fato diário. Os deportados embarcavam sem serem empurrados. O trem começava a se mover, fazia algumas manobras, saía da estação e partia para um lugar desconhecido. Após algumas horas, o trem retornava – com os mesmos passageiros – para Birkenau, e os deportados eram levados diretamente aos fornos crematórios.

Por que os alemães recorriam a manobras tão complicadas? Essa operação foi realizada porque havia um plano, ou era resultado de uma confusão administrativa? De qualquer forma, os fatos relatados são precisos em todos os detalhes.

Em outro dia, um segundo trem de deportados partiu para "trabalhar em uma fábrica alemã". Dias depois, o serviço de desinfecção do campo devolveu uma enorme quantidade de roupas, de propriedade de nossos antigos companheiros. Eles partiram, não para a Alemanha, mas deste mundo. Ninguém sabia onde, ou sob quais circunstâncias, essas pobres almas foram executadas.

* * *

Apesar das chegadas em massa, o número de internos continuou a cair. Um dos motivos foi que, após o outono de 1944, muitos foram transferidos para as fábricas com o intuito de substituir os trabalhadores alemães que haviam sido enviados para as frentes de batalha. Os criminosos alemães que estavam no campo e usavam um triângulo verde ganhavam a liberdade se lutassem contra os inimigos do Reich. A maioria da SS partiu para a guerra; aqueles que ficaram eram em grande parte inválidos, para quem o serviço em Auschwitz era um repouso após o combate.

As seleções também diminuíram as nossas fileiras. Numa horrível tarde chuvosa, um destacamento da SS chegou à enfermaria. Usando táticas violentas, como era de hábito, fizeram sessenta doentes se reunirem sob o portão do hospital. As pacientes tiveram que empilhar seus pertences, até mesmo as magras rações diárias e as vestes do hospital. Em vez de caminhões, carroças de lixo foram enviadas para esse grupo de desafortunadas. O cortejo partiu sob chuva pesada, em meio a um lamaçal que cobria o chão de Birkenau. Não se ouviu nenhum grito das vítimas. Elas se despediram de nós com um ar resignado que parecia dizer: "Hoje é a nossa vez, amanhã será a sua".

Uma hora mais tarde, as carroças de lixo retornaram dos crematórios. Dessa vez, as carroças estavam vazias.

Birkenau estava em processo de extermínio em larga escala, porque a administração percebeu que seria necessário evacuar antes do avanço dos russos. Até mesmo os fornos crematórios deveriam ser destruídos para deixar a menor quantidade de vestígios possível.

Apesar disso, o extermínio foi realizado de forma lenta e metódica. Os *Sonderkommando* foram instruídos a destruir um forno de cada vez. Todos os outros continuaram a funcionar, e alguns ainda estavam cremando corpos em dezembro de 1944.

Novos trens continuavam a desovar pessoas, mas os recém-chegados eram selecionados na estação. Os selecionados eram mandados diretamente para as câmaras de gás, enquanto os outros para o interior da Alemanha. Em alguns casos, "cargas" inteiras eram exterminadas imediatamente após a chegada em Birkenau. Que capricho determinou a morte, não sei dizer.

Naquela época, minhas obrigações me aproximavam da estação. Um dia, junto com algumas companheiras, vi um trem lotado de civis russos que os alemães trouxeram ao bater em retirada. As portas do vagão estavam abertas. No interior, as crianças choravam e os velhos gemiam, enquanto alguns jovens se agitavam e cantarolavam canções russas. Ao nos verem, as mulheres espiaram pela porta, pedindo um pouco de água ou um pedaço de pão. "*Woda... khleb.*" Essas palavras as identificavam como russas. Já as tínhamos ouvido antes. Conhecíamos as palavras "pão e água" em todas as línguas da Europa.

Perguntaram-nos onde elas estavam. Não suspeitavam que tinham chegado ao final de sua "viagem".

Voltei ao campo muito deprimida. Como acontecia toda vez que um novo trem de selecionados chegava à estação, os internos permaneceram confinados em seus respectivos barracões. Apenas o pessoal da enfermaria podia circular pelo campo. Minha blusa branca serviu como crachá temporário de salvo-conduto.

No dia seguinte, fui até a estação novamente. Não havia ninguém nas portas. Os vagões tinham sido esvaziados durante a noite. Ninguém vira os russos no campo. Nos dias seguintes, outros trens chegaram, e o destino deles foi o mesmo.

Outra lembrança continuava a me assombrar. Sob a vigilância dos soldados, fui levada ao Campo FKL com um grupo de internas. Próximo à estação tivemos que parar para deixar que uma fila de deportados passasse. Eram poloneses de classe média, a julgar por suas feições e roupas. Alguns eram ferroviários, condutores de bondes, carteiros, freiras e estudantes. Não estavam marchando rápido o suficiente para agradar os guardas, então os últimos foram agredidos com bastões, chicotes e tiros de revólver.

De repente, um homem de uns 60 anos com uniforme de carteiro se desequilibrou e caiu. Um rapaz de 18 anos tentou ajudá-lo a se levantar. O velho ainda tentava ficar em pé quando um SS apareceu e o matou a sangue-frio com um disparo de revólver.

Eu estava a 3 metros de distância das minhas companheiras.

Não consigo descrever o olhar que o moribundo fixou no rapaz que tentara salvá-lo. Também não sei descrever o desespero e a tristeza na voz do rapaz, quando gritou: "Pai!".

Enquanto isso, o SS assassino tirou o isqueiro do bolso e tentou acender um cigarro. Ele protegeu cuidadosamente a chama do vento. A brisa soprava forte e ele precisou tentar várias vezes. Para ele, era mais fácil acabar com uma vida do que acender um cigarro. Finalmente, ele acendeu o cigarro e colocou o isqueiro de volta no bolso do casaco. Só então viu o jovem chorando sobre o corpo do pai mortalmente ferido.

"Weiter gehen!" (Continue andando!), gritou o SS. Como o rapaz parecia não ouvi-lo, ele o chicoteou. Um, dois, três golpes furiosos. O rapaz se levantou devagar, olhando pela última vez o pai moribundo. Ainda cambaleando sob os golpes, tomou seu lugar na fileira, que era surrada enquanto caminhava em direção à floresta de Birkenau.

18

NOSSAS VIDAS PESSOAIS

Por seis meses, compartilhei o espaço minúsculo da Sala 13 com cinco pessoas. A dra. G foi, talvez, a mais interessante das minhas companhias. Era uma médica da Transilvânia que, no limite do que seria positivamente insalubre, recusava-se a aceitar o fato de que não estivesse mais em sua antiga vida antes de Auschwitz. Todas as noites nos informava que a *blocova* a convidara para tomar chá, e descrevia esse fato como uma daquelas elegantes festas que costumara frequentar antes da guerra.

Sabíamos o que era a "festa do chá". Que tipo de chá poderia haver neste lugar? Mas a médica insistia em embelezar e glamorizar tudo o que dizia sobre ela. Assim, vivia num mundo de sonhos à parte que ela mesma tinha inventado.

Minha segunda companheira era uma jovem loira iugoslava. Ela fingia ser médica, mas, para nós da enfermaria, não chegava nem perto disso; na melhor das hipóteses, podia ter sido primeiranista do curso de medicina. Ela não se atrevia a fazer um curativo e temia que os alemães descobrissem que havia mentido. Então, acabaria no crematório como os outros que se declararam falsamente médicos. Sempre que podia, colocava as mãos em algum livro popular sobre medicina e o estudava vorazmente. Não havia livros médicos de verdade disponíveis. Os únicos eram de "referências médicas", para uso familiar. O conhecimento elementar que a iugoslava tinha era suficiente num ambiente onde o tratamento médico adequado era impossível de qualquer maneira. Mais tarde, ela foi designada para o hospital de doenças contagiosas. Ali podia ter sido muito ruim, pois ela não sabia diagnosticar as doenças. No entanto, era a médica-chefe do hospital dentro do campo, cujas ordens tínhamos que seguir.

Minha terceira companheira foi a dra. Rozsa, pediatra tcheca, médica de verdade. Ela trabalhava com entusiasmo e era fiel à sua vocação. Era baixa e feia, em torno de 55 anos. Era emocionante ouvi-la falar em termos juvenis e emocionados sobre seu grande amor. Um dia, uma mulher que a conhecera antes de Auschwitz entrou. A convidada falou com admiração do maravilhoso trabalho que a médica havia feito no passado. Quando a dra. Rozsa foi chamada e ficamos a sós com sua amiga, pedimos a ela – à moda feminina – que nos contasse sobre o romance da médica. Soubemos que o amor da pobre mulher era platônico; o amado provavelmente nem lhe dava atenção. Mas essa paixão era uma fuga para ela, do mesmo modo que o mundo de sonhos para a dra. G.

Minha quarta companheira de quarto eu chamarei de "S". Era uma cirurgiã de primeira linha, que antes fora assistente-chefe do meu marido. Foi levada para o campo junto com as quatro irmãs e era uma mártir do afeto fraternal. As irmãs estavam ali como prisioneiras comuns e sofriam todas as privações da vida dentro do campo de concentração. S vivia apenas para elas; seus destinos estavam em seu pensamento em todas as horas do dia.

A quinta mulher do nosso grupo era dentista. Ela se casara pouco antes da ordem de deportação e fora trazida com o marido. Como disse, ironicamente, "Passamos a noite de núpcias no vagão de carga".

Nós sete vivíamos num mesmo cubículo. A sétima era Magda, uma criatura de bom coração, química de profissão. Foi a única a ser "selecionada" para o extermínio junto comigo. Ambas escapamos e nos sentimos mais próximas. Magda dividia o beliche estreito com a dentista. Eu também tinha uma companheira de leito, Lujza, casada com um médico. Dormíamos em extremidades opostas do beliche, pois não encaixaríamos no que seria uma cama de outra forma. Nossa principal preocupação era não empurrar a outra para fora da estreita prancha de madeira durante o sono; dormíamos no nível mais alto.

Borka, outra iugoslava de uns 22 anos, foi uma das pessoas mais altruístas que conheci. Ela acrescentava um toque doméstico ao nosso quarto e o limpava depois de nós.

Outra colega de quarto, a dra. O, era o exato oposto da dra. G. Enquanto a dra. G criava um mundo de sonhos agradável, a dra. O sempre enxergava as coisas piores do que realmente eram. Muitas vezes nos perguntávamos se havia nascido pessimista ou se o campo a tornara assim.

No fim, doze mulheres dividiam aquele pequeno quarto. Era mal ventilado e desconfortável, mas pensávamos que era um paraíso, por estar separado do resto do campo, onde podíamos ter um mínimo de privacidade.

Nós, médicas, estávamos sempre juntas: à noite, no pequeno cubículo do Barracão 13; durante o dia, na enfermaria. Sabíamos o que devíamos saber sobre cada uma; ríamos juntas e chorávamos juntas. Naturalmente, tínhamos diferenças de opinião. Nossos conflitos aconteciam por motivos insignificantes.

Não havia cadeiras. Os únicos lugares para sentar eram os dois beliches inferiores, a cama da dra. G e a da dentista. Essas duas mulheres inteligentes, que provavelmente eram excelentes donas de casa, soluçavam como crianças se sentássemos em suas camas. De certa forma, elas tinham razão, pois a enfermaria era suja e cheia de piolhos. Estávamos expostas às doenças das pacientes e também aos vermes.

Surpreendentemente, nenhuma de nós adoeceu em decorrência de uma infecção grave, embora fizéssemos quase nenhuma prevenção contra germes. A coceira era o único sintoma ao qual éramos sensíveis. Os pacientes sempre me contaminavam. Tive sarna sete vezes. Fiz um esforço enorme para conseguir remédios para tratá-la. Sofri com coceiras e por causa de surras. Não conseguia dormir nem trabalhar, e todo o meu corpo estava coberto de feridas de tanto me coçar. Quando finalmente pus a mão em uma pomada, minhas companheiras de quarto protestaram por usá-la à noite, pois o odor desagradável empesteava o quarto.

O unguento dividiu as opiniões em dois grupos. Um insistia que eu usasse a pomada à noite para amenizar o sofrimento; o outro dizia que eu deveria usá-lo apenas durante o dia, na enfermaria, onde teríamos de aguentar outros maus cheiros de qualquer modo, e o fedor da pomada não faria diferença. Mais tarde, Magda e a dentista também foram vítimas de sarna e o cheiro insuportável da pomada passou a ser uma constante no quarto.

Toda manhã era uma luta para usarmos o lavatório. Afinal, éramos doze. Borka, a mocinha iugoslava, tinha que ir buscar água. Às vezes, chegava em prantos por ter conseguido tão pouca água que não seria o suficiente para beber, muito menos para nos lavar.

Não tínhamos espelhos, mas podíamos ver nossos reflexos na bacia, se tivesse água. Quando o cabelo começou a crescer, vimos nascerem fios grisalhos. Como não havia escovas nem pentes, parecíamos adolescentes desarrumadas. A dra. G declarou que éramos uma visão dantesca. Ela conseguiu, com uma das pacientes, que era cabeleireira, um pente para pentearmos nossos cabelos em troca de duas porções de pão.

Minhas sobrancelhas me causaram muito sofrimento no começo. Elas eram naturalmente finas, mas no campo pensavam que eu vinha arrancando os fios. Ouvi muitos comentários grosseiros de minhas companheiras de prisão por causa desse detalhe, e várias vezes fui espancada pelos alemães por esse motivo fútil. Quando finalmente perceberam que eu, de fato, nascera com sobrancelhas finas, me deixaram em paz.

Havia discussões diárias sobre o *Pinkly*, que não era mais que um embrulho de mendigo. Um *Pinkly* era uma tira de trapo, uma meia de algodão ou de seda, às vezes um boné velho, amarrado como uma espécie de bolsa, a nossa "bolsa de mão", que servia também de "armário" e "despensa". O conteúdo do embrulho dava a perfeita imagem da nossa pobreza. Ali, cada prisioneira escondia a sua fortuna: margarina, pão e uma colher de café de marmelada. As prisioneiras "mais ricas" podiam ter um pente quebrado. Uma pequena latinha no embrulho era sinal inconfundível de "prosperidade".

Pinklys eram um luxo, portanto proibidos. Não havia lugar no barracão onde pudéssemos mascará-los durante a chamada, então os escondíamos debaixo da saia. Uma punição severa – às vezes, a morte

– aguardava qualquer uma que o derrubasse enquanto estivesse nas filas. O embrulho descoberto trazia tragédia, não apenas à sua dona, mas também às outras, pois incitava uma busca e o confisco de nossas posses arduamente conquistadas.

Quando nos mudamos para o Quarto 13, a questão dos *Pinklys* foi resolvida. Ali também precisávamos escondê-los nos lugares mais fantásticos para que não fossem descobertos nas inspeções. Quando sabíamos antecipadamente de uma inspeção, uma de nós retirava os *Pinklys* a tempo. Mas não estávamos seguras nem mesmo em relação à ambição das outras prisioneiras. Enquanto trabalhávamos na enfermaria, entravam em nosso quarto e roubavam nossos tesouros. A dra. G e a dentista, as mais ricas, sempre se queixavam dos furtos.

A dra. Rozsa foi a única que jamais teve algo surrupiado, pois nunca foi dona de nada mesmo. Era uma criança madura; ao menos, não acumulava "bens".

A dra. G, uma boa médica, tentou tornar real o seu mundo de sonhos. Ela mantinha uma "empregada", um luxo que só as *blocovas* desfrutavam. Todas as manhãs, antes de a dra. G se levantar, uma das pacientes entrava, limpava os sapatos da médica, arrumava suas roupas e sua cama. A dra. G tinha até uma colcha de seda. Para evitar nosso ciúme, conseguiu uma para cada uma de nós, mas estavam esfarrapadas e tinham qualidade inferior. Ela era a única do grupo que não lavava nada, nem mesmo no campo. Seu avental branco era cuidado por sua "empregada", e a *blocova* permitia que ela o alisasse com seu ferro de passar.

A dra. G estava sempre experimentando roupas. Ela as conseguia no mercado negro, ou as recebia de presente, e as refazia. Perto do final do nosso cativeiro, quando podíamos ouvir as armas russas, a dra. G comentou: "Garotas, chegou a hora de eu mandar preparar meu traje de viagem".

A pessimista disse: "Minha querida, eles vão nos matar".

"E se não nos matarem?", a médica replicou. "Ficarei aqui, sem um traje de viagem?"

Caímos na gargalhada. Sentíamo-nos gratas a ela. Essa sua feminilidade exagerada nos divertia bastante.

Os vestidos da dra. G aumentavam em número de peças disponíveis, e por causa disso L construiu um closet para nós com três tábuas. Quer dizer, servia somente para a dra. G, pois não precisávamos de um armário para guardar nossos poucos trapos miseráveis.

Cada prisioneira só tinha permissão para ter um vestido. A dra. G, portanto, estava sempre em busca de lugares para esconder suas roupas. Coitadinha, ficou deprimida quando uma saia pregueada, a melhor peça de seu guarda-roupa, foi roubada de seu colchão de palha. Sua capa de chuva azul, que guardara para quando "fosse embora", também desapareceu. Mal conseguiu comer de tanta tristeza naquele dia.

Oficialmente, a dra. G era a obstetra do campo e a dra. S a cirurgiã. Como a dra. G assumiu alguns dos casos cirúrgicos, surgiu uma disputa entre as duas médicas. A dra. S não pedia que lhe agradecessem pelo trabalho que fazia. Mas a dra. G precisava ouvir elogios para manter seu mundo de sonhos. Embora estivessem ao lado do crematório e vivessem sob constante ameaça de morte, mantinham essa "competição" sem sentido.

No campo, tivemos algumas almas altruístas. A loira polonesa, por exemplo, parou na porta e me chamou de volta quando eu estava prestes a sair do Bloco 26 e ir para o Bloco 13. "Você não pode nos deixar assim. Temos que fazer um jantar de despedida."

"Um jantar de despedida?", perguntei. "O que vamos comer?"

"Ontem encontrei um tubo de pasta de dente. Vamos comer isso", ela respondeu.

Então, aquelas que dormiam junto se espremeram num canto da *koia* e espalharam a pasta de dente no pão. Soa louco para você? Nós, prisioneiras de Auschwitz, raramente tivemos uma refeição melhor que aquela desfrutada naquela noite.

Apesar das diferenças no Quarto 13, nós nos gostávamos, e provávamos frequentemente que poderíamos nos sacrificar pelas outras. Infelizmente, minhas companheiras jamais puderam me perdoar pelos pacotes que eu recebia quando estava na enfermaria. Mesmo com as melhores das intenções, eu não tinha nenhuma explicação razoável para dar a elas. Compartilhávamos tudo, até as mais insignificantes aquisições. Ainda assim, eu era obrigada a não falar sobre esses pacotes. Quando me perguntavam, tinha que dar respostas evasivas.

Era compreensível que a imaginação delas se inflamasse com meu comportamento. Lujza, minha companheira de cama e melhor amiga, contou-me que as outras tentavam adivinhar o segredo contido naqueles pacotes. Eu não ousava contar nem mesmo a Lujza. Às vezes, quando não conseguia me desvencilhar de um pacote imediatamente, ficava com ele sob a cabeça à noite. Lujza não gostaria de dormir ali se soubesse que eu estava escondendo explosivos em nossa cama.

Uma noite, todas insistiram para que eu explicasse sobre meu visitante furtivo e minhas incursões secretas a vários cantos do campo.

"O que querem de você? E por que, nas horas mais movimentadas, você desaparece?"

Não me atrevi a dizer nada. Elas me puniram, recusando-se a falar comigo por vários dias, exceto na enfermaria, quando era absolutamente necessário.

Felizmente, chegou meu aniversário, e elas perdoaram meu silêncio, como presente.

Ganhei outro presente. L me trouxe uma escova de dentes usada com as cerdas gastas numa ponta; a prisioneira de quem L a comprara por três pedaços de pão a usou por vários meses. Minhas companheiras ficaram surpresas e encantadas com esse item raro. A pequena maçã verde que recebi de um membro da Resistência também causou sensação. Uma maçã *de verdade*.

19

AS BESTAS DE AUSCHWITZ

De todos os SS em nosso campo, Joseph Kramer, a "besta de Auschwitz e de Belsen", o criminoso número 1 no julgamento de Lüneburg, alcançou a maior notoriedade. Mas nós, prisioneiras, tivemos pouco contato com ele. Como comandante-chefe de grande parte do campo, raramente deixava os escritórios da administração, e só aparecia em certas inspeções, ou em ocasiões especiais.

Dizia-se que Kramer era um homem de muitos ofícios. Como fora contador, certamente deve ter mantido os livros sobre vidas humanas em Auschwitz, pois foi ele quem recebeu ordens de Berlim sobre a taxa de extermínio.

Kramer era uma figura robusta. O cabelo castanho era cortado à escovinha, os olhos eram negros e penetrantes. As feições duras e sombrias não eram fáceis de esquecer. As passadas eram lentas e pesadas, os modos, deliberados e imperturbáveis. Tudo sobre a sua atitude dava-lhe um ar de Buda.

Eu o vi uma ou duas vezes na estação quando as seleções estavam sendo feitas nos novos transportes. Também o vi em outras duas ocasiões em circunstâncias que estão indelevelmente impressas em minha memória. A primeira foi no verão de 1944. Eu não me lembro da data exata, mas foi no dia seguinte ao extermínio de milhares no campo tcheco.

"Todo mundo lá fora! Esvaziem o barracão!" Essa ordem foi gritada no início da tarde. O trabalho foi suspenso e nos apressamos em obedecer. Estávamos reunidos na grande clareira em frente ao barracão. Os alemães quebraram todos os precedentes, pois nos autorizaram a nos sentar juntos no chão, um privilégio inaudito. No meio da multidão de mulheres havia muitos homens, deportados que trabalhavam em nosso campo e com quem era proibido trocar qualquer palavra.

De repente, a orquestra do campo apareceu. Os músicos, com uniformes listrados, montaram a plataforma e começaram a tocar músicas leves e dançantes. Meu coração disparou. Queriam nos relaxar e alegrar, mas eu havia sido decepcionada muitas vezes para acreditar em qualquer coisa que os alemães fizessem.

Qual era o significado desse concerto popular? Enquanto a orquestra tocava seu "swing", eu podia ouvir ecos dos gritos de cortar o coração das crianças tchecas que haviam sido assassinadas na véspera.

De repente, aviões alemães surgiram acima de nossas cabeças. Davam rasantes que quase arrancaram os telhados dos barracões. Então eu compreendi. Estávamos sendo filmados! Estavam preparando um "documentário" sobre a idílica existência nos campos de concentração nazistas. O que iriam mostrar ao mundo? Reclusos de ambos os sexos tomando banho de sol fora do barracão enquanto ouviam jazz! Que sorte para a máquina de propaganda alemã que procurava combater as histórias das atrocidades que haviam vazado para a imprensa ocidental.

Com um sorriso radiante, Kramer, o comandante do campo, passou de súbito entre nós. Talvez estivesse sendo fotografado como nosso genial anfitrião nesse "paraíso do descanso". Toda essa representação era aparentemente o seu trabalho.

Meses se passaram. Quando o Exército Vermelho avançou sobre as planícies polonesas, começou a reflorescer a esperança em nossos corações.

Aqueles que viram Herr Kramer durante as inspeções disseram que ele parecia cada vez mais ansioso. Um dia, deu a seguinte ordem: "O Campo Nº 1 deve ser exterminado amanhã ao meio-dia. Deve estar completamente vazio para inspeção. Assinado: Kramer".

O número de internas já fora reduzido, mas ainda tínhamos cerca de 20 mil mulheres. Transferir um número tão grande de deportadas para a Alemanha em tão pouco tempo seria quase impossível. No entanto, o pedido de Kramer foi executado no prazo exigido.

Na tarde seguinte, ninguém ficou no Nº 1, exceto os mil pacientes e a equipe do hospital, incluindo nós da enfermaria. Não tínhamos nenhuma ilusão sobre o destino que nos aguardava e a nossos pacientes.

Quando terminou o trabalho do dia, nos retiramos para o nosso quarto, que nesse momento ficava no antigo mictório do Barracão 13. Nenhuma de nós pensava em dormir. Tirei o mais precioso dos meus tesouros do esconderijo. Eu tinha uma vela que guardara para uma grande ocasião e acendi o pavio.

Na luz baça daquela chama, passamos uma noite insone, todas pensando na mesma coisa, a morte que espreitava o amanhecer. Embora o vento soprasse através das vidraças quebradas, acreditamos que iríamos sufocar. Aviões "inimigos" sobrevoavam nossas cabeças. O sinistro lamento das sirenes atravessava o campo. Finalmente, o pálido dia nasceu.

Chegamos ao hospital. Após alguns instantes, o dr. Mengele surgiu, seguido por vinte guardas da SS. Poucos minutos depois, Joseph Kramer entrou. Sem responder à saudação de seus subordinados, Kramer parou no meio da sala, com as pernas afastadas, as mãos para trás. Ele grunhia ordens para o seu tenente.

Uma das ambulâncias que eram usadas para levar as vítimas até as câmaras de gás parou na frente do hospital. Outras a seguiram. Entre a entrada do hospital e as ambulâncias, os SS formaram um cordão de isolamento. Outros guardas orientavam as doentes para sair e entrar nos veículos.

A maioria das pacientes estava fraca demais para ficar em pé, mas os soldados começaram a espancá-las com seus cassetetes e chicotes. Uma mulher que mal havia começado a andar foi puxada pelos cabelos. Na briga, muitas mulheres caíram das *koias* e fraturaram as cabeças. Minhas companheiras e eu tivemos que ficar em pé, aterrorizadas e impotentes de raiva, enquanto testemunhávamos a cena horrível. Algumas das doentes tentaram escapar ou resistir, mas os SS se atiraram contra as fileiras e as espancaram impiedosamente. É muito difícil descrever o que presenciamos naquele momento.

Kramer nos designou para uma tarefa "médica". Deveríamos remover as blusas das pacientes, a única roupa dessas pobres mulheres que foram expulsas de suas camas e estavam gemendo sob o chicote. Que razão havia por trás de tal pedido? As blusas não passavam de trapos. Mas não se faziam perguntas nem se esperavam motivos. Tentei escapar dessa tarefa. Um SS me estapeou com tanta força que tudo rodou diante dos meus olhos e eu quase caí.

Jamais esquecerei os olhares de ódio e reprovação quando nossas pacientes gritaram: "Vocês também se tornaram nossas torturadoras!". Elas estavam certas. Por causa de Kramer, nós, cujo dever era mitigar seus sofrimentos, tiramos seus últimos bens, aquelas frágeis blusas. Minha amiga, a dra. K, do hospital, tremia como uma folha. Ela aproveitou um momento de pausa e correu até a enfermaria. Eu a segui a tempo de arrancar a seringa de suas mãos. Ela estava inserindo veneno para se matar.

Não sei dizer exatamente quantas ambulâncias e caminhões cheios de doentes partiram para os fornos crematórios naquele dia. Tenho apenas uma lembrança confusa, como se visse através de um nevoeiro; o que lembro são aquelas horríveis tropas atacando com insanidade destrutiva, espancando cegamente as pacientes e chutando as grávidas. O próprio Kramer perdeu a calma. Um estranho brilho espreitava os pequenos olhos, e ele rangia como um louco. Eu o vi avançar sobre uma infeliz e, com um único golpe de cassetete, esmagar seu crânio.

Sangue, só havia sangue. Em toda a parte sangue! No chão, nas paredes, nos uniformes dos SS, em suas botas. Finalmente, quando a última ambulância partiu, Kramer ordenou que limpássemos o chão e deixássemos o lugar em condições decentes. Estranhamente, permaneceu e supervisionou ele mesmo a limpeza. Trabalhamos como autômatos. Nossa capacidade de refletir, de compreender, foi destruída. Nossas mentes se ocupavam apenas com um pensamento: quando a morte chegaria? Ao juntar os cobertores espalhados, as bacias, os instrumentos e as blusas rasgadas, soubemos que nosso assassinato deveria estar bem próximo.

Mas estávamos enganadas. O dr. Mengele subitamente separou a equipe de saúde em dois grupos. O primeiro grupo foi mandado para um campo de trabalho; o segundo, no qual eu estava, para outro hospital no Campo FKL. Embora o Campo Nº 1 estivesse fechado, a fábrica de extermínio de Birkenau continuaria operando.

Nesse ínterim, Kramer desapareceu. Voltara para o escritório da administração central, sem dúvida para elaborar novas ordens e contraordens para as vidas e mortes dos milhares de escravos em Birkenau.

* * *

Ao menos uma pessoa esteve ausente no banco dos réus durante o julgamento em Lüneburg, onde os líderes dos campos foram condenados por seus atos horrendos. Esse homem devia ter pagado como o dr. Klein e o dr. Kramer pagaram. Eu me refiro ao dr. Mengele, médico-chefe depois da partida do dr. Klein. De todos que vi "em ação" no campo, ele era, de longe, o principal provedor das câmaras de gás e dos fornos crematórios.

O dr. Mengele era um homem alto. Alguém poderia até achá-lo bonito, se não fosse a expressão cruel em seu rosto. No julgamento, devia ter sido colocado ao lado de Irma Grese, sua ex-amante, o "anjo loiro". Mas o dr. Mengele teve tifo quando o campo foi libertado. Enquanto convalescia, conseguiu fugir.

Nas "seleções", sua especialidade, fazia os médicos deportados acompanhá-lo de barracão em barracão; durante as inspeções, todas as saídas eram fechadas. Ele podia aparecer de repente a qualquer hora, dia ou noite, quando quisesse. Chegava sempre assobiando árias de ópera. O dr. Mengele era um amante fervoroso de Wagner.

Ele não perdia tempo. Fazia as internas se despirem. Depois mandava-as marchar diante dele com os braços levantados, enquanto assobiava Wagner. Quando as mulheres assustadas se aproximavam, apontava com o polegar: para a esquerda, para a direita!

Nenhuma preocupação médica governava suas decisões. Pareciam totalmente arbitrárias. Era um tirano, cujas sentenças não cabiam apelação. Por que teria dificuldade em fazer uma seleção de prisioneiras com base em um método qualquer? O estado de saúde, por exemplo, não influenciou suas escolhas. No final da inspeção, o dr. Mengele decidia qual dos dois grupos, à direita ou à esquerda, ia para as câmaras de gás.

Como odiávamos esse charlatão! Ele profanou o verdadeiro sentido da palavra "ciência"! Como desprezávamos seu ar presunçoso e arrogante, seus contínuos assobios, suas ordens absurdas, sua crueldade fria! Se tive vontade de matar alguém algum dia, foi quando a pasta de Mengele estava sobre a mesa e vi o contorno de um revólver. Ele estava fazendo uma seleção no hospital. Pegar a arma e abater aquele assassino seria uma questão de segundos. Por que não fiz isso? Porque temi a punição que se seguiria? Porque sabia que atos individuais de revolta sempre provocavam represálias em massa em Auschwitz. Acho que outros internos reprimiram desejos semelhantes pelo mesmo motivo.

Apesar de toda a presunção, o dr. Mengele era um covarde. Aqueles que trabalhavam no *Schreibstube* sabiam que ele utilizava artifícios doentios para fugir da frente de batalha. Quando a SS deixou o campo em massa, Mengele encontrou uma "missão especial" que tornou indispensável a sua presença em Birkenau. Um dia, foi até a enfermaria e declarou que, devido à nossa negligência, a epidemia de tifo havia atingido proporções tais que toda a região de Auschwitz fora ameaçada. Infelizmente, as epidemias de tifo tinham aumentado no campo, mas nessa época não havia muitas vítimas. No mesmo dia, nos enviou uma grande quantidade de soro e orientou a vacinação em massa. Trabalhávamos a partir das 06h da manhã, em frente à enfermaria, porque o dr. Mengele nos proibiu de vacinar do lado de dentro. Fazia frio e nossos dedos estavam entorpecidos, mas milhares de internas esperavam para ser vacinadas e tínhamos que trabalhar sem parar, até tarde da noite. O dr. Mengele foi premido pelo tempo; precisava produzir um relatório impressionante para mandar a Berlim o mais rápido possível.

Demonstrava um comportamento assombroso. Acusou-nos de sabotar as vacinas. Então, a pedido dele, suspendemos as vacinas no dia seguinte. Imediatamente, teve um ataque de fúria e nos acusou, mais uma vez, de sabotagem.

Uma manhã, censurou-nos por não haver pacientes suficientes, embora de 400 a 600 doentes fossem à enfermaria todos os dias; no dia seguinte, repreendeu-nos por dar muita atenção às doentes e desperdiçar remédios escassos.

Outra vez, concluiu que gregas e italianas haviam trazido malária para o campo. A pretexto de conter a doença, enviou milhares para as câmaras de gás. Quando conseguíamos enganá-lo, então, ficávamos felizes! Em vez de enviar o sangue das vítimas de malária para análise, substituíamos pelo sangue de internas saudáveis.

O covarde, com medo de morrer, gostava de amedrontar os outros. Quando a dra. Gertrude Mosberg, de Amsterdã, implorou pela vida de seu pai, também médico e que estava sendo mandado para o crematório, Mengele disse: "Seu pai tem 70 anos. Não acha que ele já viveu bastante?".

Em outra ocasião, parou diante de uma enferma e olhou para ela com sarcasmo. "Você já esteve do 'outro lado'?", perguntou. "Como é lá?"

A pobre mulher não entendeu o que ele queria dizer. E encolheu os ombros.

"Não se preocupe", ele continuou. "Muito em breve saberá!"

Só uma vez vi esse homem perder o equilíbrio: quando ficou cara a cara com Kramer, que tinha uma personalidade bem mais forte. O louco dr. Mengele, tão seguro de si diante de internas impotentes, tremeu diante da "Besta de Belsen".

Há dúvidas de qual conceito o dr. Mengele tinha do trabalho clínico que fazia no campo. Suas experiências, sem valor científico, não passavam de brincadeiras tolas, e suas atividades estavam cheias de contradições. Eu o vi tomar precauções durante um parto, exigindo que os princípios assépticos fossem rigorosamente observados e o cordão umbilical fosse cortado com cuidado. Meia hora depois, mandou mãe e filho para o crematório. O mesmo aconteceu com as vacinas contra tifo ou escarlatina. Realizou uma série de tratamentos em internas que pretendia despachar para as câmaras de gás.

* * *

Entre as mulheres da SS, conheci melhor Irma Grese, não porque eu quis, mas por circunstâncias que fugiram ao meu controle. O "anjo loiro", como a imprensa a chamava, inspirou-me o ódio mais violento que já senti.

Pode parecer estranho repeti-lo tantas vezes, mas ela era muito bonita. Sua beleza era tão acentuada que, apesar de suas visitas diárias significarem que seriam feitas as chamadas e seleções para as câmaras de gás, as internas ficavam em êxtase ao olhar para ela e murmuravam: "Como ela é linda!". Se um romancista tivesse escrito essa cena, os leitores iriam acusá-lo de boa imaginação. Mas as páginas da vida real são em geral mais terríveis que a ficção.

Irma, uma SS de 22 anos, tinha consciência do poder de sua beleza e não negligenciava nada para aumentar seus encantos. Passava horas preparando-se diante do espelho e ensaiando os gestos mais sedutores. Onde quer que fosse, rescendia o perfume mais caro. Seus cabelos eram pulverizados com uma gama de odores tentadores: às vezes, fazia suas próprias misturas. O uso imoderado de perfume talvez fosse o supremo refinamento de sua crueldade. As internas, que viviam em estado de degradação física, aspiravam essas fragrâncias com alegria. Em contrapartida, quando nos deixava, e o odor rançoso e repugnante de carne humana queimada que cobria o campo como uma névoa nos envolvia novamente, o ar se tornava ainda mais irrespirável. O "anjo" de tranças douradas usava sua beleza apenas para nos fazer lembrar nossa terrível posição.

As roupas de Irma tinham um estilo refinado. Mas seus uniformes se ajustavam melhor ao seu corpo que os trajes civis. Ela gostava especialmente de uma jaqueta de piquê azul-celeste que combinava com a cor de seus olhos. Para fazer um contraponto, usava um tom mais escuro no colarinho da blusa quando vestia a tal jaqueta. O chicote, que carregava com tanta liberdade, espetava no cano da bota.

A agente da SS tinha um belo guarda-roupa. Conheci bem sua costureira. Antes da guerra, possuíra uma loja famosa em Viena. Agora, Irma nunca lhe dava um momento de descanso. A pobre mulher tinha que trabalhar de manhã à noite por apenas um naco de pão como recompensa. Para Irma, nunca houve falta de material nem de tecidos ingleses. As câmaras de gás forneciam uma abundância de sapatos e roupas, e todos os países martirizados da Europa contribuíram para sua coleção. Seus armários estavam cheios de roupas das melhores casas de Paris, Viena, Praga, Amsterdá e Bucareste.

O "anjo" com o rosto puro colecionava casos de amor. No campo, falava-se que Kramer e o dr. Mengele eram seus principais amantes. Mas seu maior *affair* foi com um engenheiro da SS com quem sempre se encontrava à noite. Para que pudesse retornar ao seu posto à hora certa, deixava-o no meio da noite. Sempre que ele a visitava, Irma enchia-se de orgulho. "Olhem!", ela parecia dizer, enquanto nos via, "este é meu reino. Tenho o poder absoluto de vida e morte sobre este rebanho." Ela tinha mesmo esse poder, como podia demonstrar quando fazia suas seleções.

Um dia, Irma entrou em nossa enfermaria. Com uma ordem brusca, dispensou as pacientes da sala e começou a falar com a cirurgiã, uma das minhas melhores amigas.

"Preciso de seus serviços", declarou ela, rapidamente. "Disseram-me que você é muito inteligente."

Explicou exatamente o que a médica deveria fazer. A situação exigia atenção especial. Era perigoso recusar qualquer coisa a Irma Grese, no entanto, se as autoridades acima soubessem de sua ingerência, por ser uma operação ilegal, seria igualmente perigoso para nós.

Minha amiga hesitou. Irma fez promessas tentadoras. "Vou compartilhar meu café da manhã com você. Você beberá um maravilhoso chocolate, ou um café com leite de verdade. Vai comer bolo e pão com manteiga!". E acrescentou: "Eu também lhe darei um casaco de inverno, bem quente".

Porém, a cirurgiã estava indecisa. Seria um perigo muito grande. Irma Grese corou e puxou o revólver: "Dou-lhe dois minutos para decidir".

"Farei o que me pede", a médica cedeu.

"Muito bem! Espero-a amanhã, às 05h, no Barracão 19. E lembre-se: não tolero qualquer atraso", o anjo disparou e saiu.

Minha amiga foi pontual. Pediu-me para ir com ela como enfermeira. Que cena nós vimos! Irma Grese, a torturadora, suava de medo. Tremeu, gemeu, foi incapaz de se controlar. Ela, que havia mandado friamente milhares de mulheres para a morte, e as brutalizava sem pestanejar, não suportava a menor dor sem choramingar.

Assim que a operação terminou, começou a tagarelar.

"Depois da guerra, pretendo entrar para o cinema. Vocês verão meu nome iluminado nos letreiros. Conheço a vida e já vi muita coisa. Minhas experiências serão úteis em minha carreira artística."

Ficamos felizes de poder sair em paz. Ela poderia ter nos matado ali mesmo. Bastava nos mandar para a câmara de gás e acabar conosco. Pergunto-me por que ela não fez isso.

A partir daquele dia, Irma Grese apareceu de fato no cinema. Mas não como imaginou que seria. Ela não era a heroína de um filme amoroso, nem seu lindo rosto e corpo enfeitaram a tela. Apareceu nos noticiários na época dos julgamentos de Lüneberg. Quando foi condenada à morte por seus incontáveis crimes, não saudou a morte nem se apressou a abraçá-la. Os soldados tiveram que arrastá-la para a execução. Mas quantos horrores aquela mulher carregou nas costas antes do dia de seu julgamento!

* * *

De todos os chefes da SS que conheci, o dr. Fritz Klein foi quem mais me intrigou. Era saxão, nascido na Transilvânia. Quando a fábrica de extermínio trabalhava a toda velocidade, ele era o médico-diretor do campo e um dos que dirigiam o projeto de aniquilação nazista. Que ele tenha merecido cem vezes a pena capital é um eufemismo. No entanto, ao contrário de outros, o dr. Klein era um assassino "correto".

Para ser justa, devo dizer que era menos sádico que seus colegas. Tive a impressão de que, não importa o que tenha feito, foi vítima das circunstâncias. Talvez tivesse consciência disso. De qualquer forma, foi o único açougueiro da SS de quem testemunhei qualquer reação humana em relação aos deportados.

Talvez eu tenha ficado impressionada com sua amabilidade e com o fato de que às vezes ele parecia realmente se importar com as doentes. Muitas internas eram sensíveis a essas raras demonstrações de compaixão.

Ele não hesitou em mandar milhares de doentes para o "hospital", mas também o vi salvar algumas pacientes. Um dia, um médico do barracão entregou-lhe uma lista de internas com suspeita de difteria. No exame, o diagnóstico foi confirmado em duas ou três. Mas, depois de uma verificação rápida, o dr. Klein mandou a quarta embora. "Este não é um caso hospitalar", declarou ele. "É uma dor de garganta comum." O dr. Mengele, ao contrário, enviou todas as suspeitas para o hospital sem se incomodar em examinar ninguém.

Dr. Klein fingia ter raiva dos médicos da enfermaria e dos barracões como pretexto para poupar doentes da seleção. Em uma ocasião, observou que um grande número de selecionadas estava esperando em um banheiro antes de serem transferidas para o "hospital".

"Por que tiveram que esperar tanto tempo?", perguntou ao guarda.

"A ambulância não está disponível", respondeu o SS. "Está sendo usada para transportar as caixas!"

Eu sabia que ele estava se referindo às caixas de gás em pó, transportadas pela ambulância.

A expressão do dr. Klein se fechou. "Nesse caso, a seleção foi muito rápida. Não vale a pena manter essas pessoas aqui o dia todo."

É para pensar que sentimento causou tal reação? Pena? Ou simplesmente indignação com a atitude desleixada dos soldados?

Mais uma vez, ao acompanhá-lo em suas rondas, chamei-lhe a atenção para o fato de as internas estarem paradas em pé diante dos barracões por horas debaixo de uma chuva intensa. Ele não me respondeu, mas caminhou até lá, e ordenou que elas voltassem aos seus barracões.

Nascido na Transilvânia, o dr. Klein sempre falava comigo na minha língua natal. Ele me perguntou sobre minha cidade e minha casa. Uma vez, perguntou se eu não era da família do famoso médico que dirigia um sanatório na mesma cidade. Ele estava se referindo ao meu marido, de quem eu não tinha notícias havia semanas.

Ao me lembrar disso, senti uma raiva cega. Como poderia lhe dizer a verdade? Ali estava eu, coberta de lama, de cabeça raspada, em farrapos, usando sapatos rasgados e desparceirados. Não, eu não era a mulher de um cirurgião famoso. Eu era uma criatura miserável trotando nos calcanhares de um oficial da SS.

"Não", respondi, rangendo os dentes. "Não sei do que está falando."

O dr. Klein não era bobo. "Ora, ora, não me diga!", ele disse. "Incrível! Mas de qualquer maneira", ele acrescentou com voz alterada, "ande alguns passos atrás de mim. As regras de etiqueta não se aplicam neste campo."

Alguns meses depois, fez uma visita surpresa à nossa enfermaria e mostrou interesse em visitar o hospital.

Andei alguns passos atrás dele como havia me ordenado em nosso último encontro. Apontou para a bicicleta e disse: "Meu carro foi levado e não temos mais gasolina! Ouça! Vou lhe contar uma coisa que irá deixá-la muito feliz. A guerra vai terminar em breve e todos nós poderemos voltar para casa".

Olhei em volta devagar. Quando falava com Klein, estávamos sempre rodeados por guardas da SS. Felizmente, não havia ninguém perto para ouvi-lo.

"Estou muito agradecida", eu disse. "Nunca ouvi um SS dizer algo semelhante."

"Oh, gratidão!", o dr. Klein deu de ombros. "Eu não me iludo. Quando a guerra acabar, nem você nem os outros terão a menor consideração por mim."

Apenas nesse momento compreendi o que ele estava dizendo. Mais clarividente que os demais, previu que os alemães haviam perdido a guerra. Sua "benevolência" em relação aos internos não passava de mero cálculo. Talvez estivesse preparando testemunhas para os julgamentos que viriam.

Para além de Klein, devo mencionar Capezius, outro que vinha da minha terra natal. Ele foi um dos diretores da Bayer alemã na Transilvânia.

Os representantes daquela empresa visitavam meu marido com frequência em nosso hospital em Cluj. No Natal, comprávamos perfumes, licores e livros médicos como parte do processo para atrair clientes. Os lápis gravados com a marca da Bayer estavam sempre em nossas mesas.

Conheci Capezius antes do meu cativeiro. Imagine então a minha surpresa quando descobri que ele era um *Hauptsturmfuehrer* em Birkenau e o poderoso chefe dos depósitos farmacêuticos dos campos da região. Mas tínhamos poucos medicamentos; meu compatriota não era muito generoso.

O *Hauptsturmfuehrer* sempre deixava o campo para "ver a família" em Segesvar. Depois de retornar de uma dessas visitas, apareceu em nossa enfermaria e conversou com a dra. Bohm, deportada da comunidade de Capezius. "Eu estava falando com seu irmão há dois dias, em Segesvar. Prometi a ele que cuidaria de você."

A pobre mulher começou a chorar.

"Eu disse a ele que você estava muito bem", Capezius continuou.

O médico olhou para os trapos com que ela estava vestida e demonstrou surpresa ao ver quão "bem" ela aparentava estar. A dra. Bohm agradeceu àquele homem tão "benevolente". Algumas semanas depois, ele voltou à enfermaria e informou à sua protegida que a cidade havia sido ocupada pelo "inimigo" e que seu irmão havia se tornado prefeito.

"Se seu irmão cuidar bem da minha família", ele declarou, "você o verá novamente."

Logo a dra. Bohm foi transferida de Birkenau para Auschwitz, onde ficava a sede de Capezius. Foi mantida como refém e não tivemos mais notícias dela.

Estou muito certa de que o dr. Klein tinha a mesma intenção quando me perguntou se eu tinha parentes na Transilvânia.

"Em dois dias, voarei para Brasso. Eu poderia entregar qualquer mensagem à sua família."

Por um instante, senti-me tentada. Minha cunhada morava lá. Mas lembrei-me do incidente dos cartões-postais. Poderia ser perigoso dar a esse assassino o endereço dela.

A mesma precaução me impediu de perguntar a Klein sobre meu marido. Temia que, em vez de ajudar, eu pudesse colocá-lo em perigo, caso ainda estivesse vivo. A experiência me ensinou a ser sempre cautelosa com a "benevolência" desses nazistas.

20

A RESISTÊNCIA

Uma opressão tão intensa como a que fomos submetidas provocava automaticamente uma resistência. Todo o nosso tempo vivido no campo foi marcado pelo ato de reagir. Quando os funcionários do "Canadá" faziam o desvio de itens destinados à Alemanha em benefício de seus companheiros internos foi uma resistência. Quando os trabalhadores dos moinhos de fiar ousavam relaxar o ritmo de trabalho foi uma resistência. Quando, no Natal, organizamos um pequeno "festival" debaixo dos narizes dos nossos captores foi uma resistência. Quando, clandestinamente, passamos cartas de um campo para outro foi uma resistência. Quando nos esforçávamos e, às vezes, tínhamos sucesso para reunir duas pessoas da mesma família – substituindo um interno por outro em um grupo de carregadores de macas – foi uma resistência.

Essas eram as principais manifestações de nossa atividade clandestina. Não era prudente ir mais longe. No entanto, houve muitos atos de rebelião. Um dia, um selecionado tirou um revólver de um SS e começou a espancá-lo com ele. Seu ato de coragem desesperada causou esse gesto, mas não produziu nenhum outro efeito senão provocar represálias em massa. Os alemães nos consideravam culpados; chamavam isso de "responsabilidade coletiva". As surras e as câmaras de gás explicam, em parte, por que a história do campo inclui poucas revoltas, mesmo quando as mães eram obrigadas a entregar os filhos à morte. Em dezembro de 1944, as internas russas e polonesas foram forçadas a abandonar seus bebês. A ordem dizia que deveriam ser "evacuados". Seguiram-se cenas deploráveis: mães dilaceradas de tristeza penduravam cruzes, ou improvisavam medalhas em volta dos pescoços de seus filhos, para reconhecê-los depois. Elas choravam amargamente e se desesperavam. Mas não houve rebelião nem mesmo suicídios.

Uma resistência organizada, porém, prosperava. Procuravam se expressar de inúmeras formas – desde a transmissão de um "jornal falado" à sabotagem praticada nas oficinas dedicadas às indústrias bélicas e, mais tarde, à destruição dos fornos crematórios com explosivos.

O termo "jornal falado" talvez seja presunçoso. Precisávamos divulgar notícias de guerra que reforçassem o moral dos internos. Depois de resolver problemas técnicos de enorme dificuldade, nosso amigo L, graças à cooperação do "Canadá", conseguiu montar um pequeno equipamento de rádio. O rádio foi enterrado. Às vezes, tarde da noite, alguns internos de confiança corriam para ouvir o noticiário dos Aliados. Essa notícia era então espalhada de boca em boca o mais rapidamente possível. Os principais centros de nossa comunicação eram as latrinas, que ocupavam o mesmo papel "social" que o banheiro e a enfermaria desempenhavam anteriormente.

Era interessante observar as reações dos nossos supervisores quando tais notícias de guerra chegavam a eles, mas raramente era agradável para nós ouvirmos o que estava acontecendo. No dia seguinte, após um pesado bombardeio de uma cidade alemã, a rádio do Reich anunciara "represálias". Onde quer que o Reich buscasse vingança, a tomavam primeiro em nosso campo a partir de uma monstruosa seleção. Os soldados, por conta das contínuas derrotas da Wehrmacht, tornavam-se cada vez mais desconfiados, e multiplicavam os controles e as buscas. Até os chefes ficavam nervosos e preocupados. Vez por outra, o dr. Mengele se esquecia de assobiar árias de óperas.

Alguns membros da Resistência no campo procuravam passar notícias de nossa situação desesperada aos Aliados. Esperávamos que a Royal Air Force, ou os aviões soviéticos surgissem para destruir os fornos crematórios, e que, ao menos, houvesse uma redução na taxa de extermínio. Um interno tcheco, ex-vidraceiro e esquerdista militante, conseguiu passar vários relatórios ao exército soviético.

Como havia alguns *partisans* na região, entendi que, de alguma forma, haviam estabelecido contato com o campo. Disseram-me que o explosivo usado mais tarde para destruir os fornos crematórios fora fornecido por esses guerrilheiros.

Os pacotes de explosivos não eram maiores que dois maços de cigarro e podiam ser facilmente escondidos dentro da blusa. Mas como o explosivo entrara no campo?

Soube que os guerrilheiros russos, escondidos nas montanhas, enviavam vários pacotes às redondezas de Auschwitz. Falavam com um interno de Auschwitz que trabalhava fora do campo e que pertencia à nossa Resistência. Os prisioneiros que trabalhavam nos campos desencavavam os pacotes onde tinham sido enterrados e os traziam para dentro.

Por que os explosivos foram enviados para lá? O objetivo era claro para todos os membros da Resistência – explodir o temido crematório.

Alguns desses pequenos pacotes caíram nas mãos da SS. Foi quase inevitável e provocou uma reação brutal. Montaram uma forca e executaram prisioneiros todos os dias. Sempre que os alemães suspeitavam de algo, uma ordem frenética era dada: "Façam uma busca!", e um grupo de guardas da SS invadia nossos barracões.

Eles destruíam tudo e vasculhavam cada centímetro quadrado do campo, procurando mais explosivos. Apesar de todas as precauções, nossa Resistência continuou a existir e a operar. Os membros mudavam, pois os alemães nos dizimavam sem saber se fazíamos parte da Resistência ou não, mas o ideal continuou inalterado.

Um rapaz que apenas um dia antes pegara um pacote comigo foi enforcado. Uma das minhas companheiras, apavorada, me sussurrou: "Diga, não é o mesmo rapaz que esteve na enfermaria ontem?".

"Não", respondi. "Nunca o vi antes."

Essa era a regra. Quem caía era esquecido.

Não éramos heróis e nunca dissemos isso. Não merecemos nenhuma medalha do Congresso, condecoração de guerra ou de vitória. É verdade que empreendemos missões perigosas. Mas a morte e o chamado perigo mortal tinham um significado diferente para nós que vivíamos em Auschwitz-Birkenau. A morte esteve sempre conosco, pois éramos elegíveis para as seleções diárias. Um aceno podia significar o fim para qualquer um de nós. Chegar atrasado para a chamada podia significar apenas um tapa na cara, ou, se o SS estivesse furioso, pegar sua Luger e atirar. A ideia da morte se infiltrara em nosso sangue. Nós iríamos morrer, de qualquer forma, não importava o que acontecesse. Seríamos envenenados com gás, cremados, enforcados ou baleados. Os membros da Resistência pelo menos sabiam que, se morressem, morreriam lutando por algo.

Já disse que servi como uma espécie de correio para cartas e encomendas. Um dia, corri para a enfermaria para colocar um pacote sob a mesa. Enquanto eu fazia isso, um guarda da SS entrou sem avisar.

"O que está escondendo aí?", perguntou, fechando a cara.

Acho que fiquei lívida. Consegui me controlar e respondi: "Acabei de pegar alguns curativos. Estou colocando o resto em ordem".

"Vamos dar uma olhada nisso", exclamou o SS, desconfiado.

Com as mãos trêmulas, puxei uma caixa de curativos cirúrgicos que estava embaixo da mesa e mostrei a ele.

Eu tive sorte. Ele não insistiu em ver o conteúdo. Deu uma olhada e foi embora. Se tivesse verificado a caixa, eu estaria perdida.

Muitas vezes tinha que aceitar cartas ou pacotes trazidos por internos que trabalhavam no campo. O intermediário sempre era diferente. Para ser reconhecida, eu usava uma fita de seda em torno do pescoço, como um colar. E eu tinha que passar a carta ou pacote a um homem que usasse o mesmo símbolo. Várias vezes tive que procurá-lo no banheiro ou na estrada onde os homens estivessem trabalhando.

No começo, não conhecia muito bem o esquema do qual eu participava. Mas sabia que estava fazendo algo muito útil. Isso foi o suficiente para me dar forças. Eu não sofria mais crises de depressão. Até me forcei a comer o bastante para continuar lutando. Comer e não se deixar enfraquecer – era também uma forma de resistir.

Vivíamos para resistir e resistíamos para viver.

* * *

Eu conhecia mulheres de vários países e estava ansiosa para saber como eram as mulheres da União Soviética – a dra. Mitrovna, cirurgiã do nosso hospital, foi a primeira russa que encontrei no campo.

Era uma mulher forte, rechonchuda, de cabelos escuros, com olhos castanhos tão expressivos que pareciam atravessar o interlocutor. Era uma médica de verdade, que gostava muito de seus pacientes e lutava por eles. Quando o dr. Mengele selecionou uma mulher que estava muito doente para ser transferida para um "hospital central", a dra. Mitrovna resistiu com unhas e dentes e declarou, firme: "Não, ela está bem. Vamos dar alta a ela em três dias". O surpreendente foi Mengele ter cedido a essa, digamos, "ordem".

A médica criou uma aura de respeito. Era a pessoa mais espontânea e calorosa que já conheci. Ninguém tinha uma capacidade de trabalho tão grande quanto essa mulher de 50 anos. Quando via que eu estava pálida de cansaço e ainda trabalhando, ela dizia: "Você daria uma boa russa". Este era o maior elogio que ela poderia me fazer.

Quando os russos bombardearam as cozinhas da SS em Birkenau, muitos detentos se feriram. Eu a observei com cuidado: ela demonstraria preferência por seus compatriotas? Não! Ela tratou cada um com imparcialidade e repetiu palavras de acolhimento para todos, sem distinção.

Na véspera de Natal, participou das festividades e dançou com as enfermeiras. Embora não tivesse voz, cantava como uma criança, sem se sentir envergonhada. Ela nos contou que, em casa, gostava da época de férias, porque a comida era sempre melhor. E pudemos ver como ela respeitava o espírito religioso de suas companheiras dentro do campo.

"Devemos nos lembrar desta véspera de Natal no cativeiro", ela nos disse. "Pessoas de todos os países da Europa estão juntas e esperando a mesma coisa... liberdade."

Mais tarde, conheci outras russas: algumas agressivas e outras boas, de alma gentil. Com elas, percebi que o comunismo é como uma religião para o povo russo. Talvez sua fé os tenha ajudado a suportar as dificuldades de viver em Auschwitz-Birkenau melhor que outros internos.

Cada vez que um paciente tinha que ser enviado para o hospital no Campo F, a dra. Mitrovna decidia quem deveria levá-lo de maca. A primeira vez que saí do campo com essa função, e os portões se fecharam atrás de mim, eu comecei a chorar. Estávamos sendo seguidas pelos nossos soldados, mas os odiosos arames farpados não estavam mais tão perto de nós. Havia um pouco mais de espaço, e podíamos respirar livremente. Por essa razão, valeu a pena ter sido escolhida para a tarefa.

Levávamos quinze minutos para as cinco carregarem as doentes para o barracão cirúrgico. Ali assisti a outro drama. Os médicos salvaram muitos dos internos durante a cirurgia, e os alemães mandavam os pacientes direto para as câmaras de gás.

Mas os médicos desempenhavam seus papéis com calma e dignidade. Olhei em volta dentro da sala de cirurgia. A visão dos instrumentos e das pessoas de branco e o cheiro de éter fizeram eu me lembrar do meu marido e do nosso hospital em Cluj. Eu estava com a mente perdida em minhas lembranças quando de repente alguém me sussurrou no ouvido: "Não se mexa! Não faça perguntas! Entre em contato com Jacques, *Stubendienst* francês, no Barracão hospitalar 30".

Fiquei surpresa. Como sabiam que eu fazia parte da Resistência? Então me dei conta – meu colar de seda.

Eu tinha recebido uma ordem e precisaria cumpri-la. Mas como? Eu estava em um campo hospitalar estranho de homens, e eu era uma mulher.

De repente, uma enfermeira anunciou que o dr. Mengele estava por perto. Os médicos tentaram disfarçar o medo. Houve um burburinho excitado.

"Escondam as luvas de borracha imediatamente!"

"Abram a porta! Ele vai sentir o cheiro de éter!"

Então compreendi o que estava acontecendo. Aqueles que eram bons tinham comprado instrumentos e anestésicos com suas rações de alimentos. Agora precisavam esconder tudo, se quisessem evitar ser punidos ou mortos por demonstrar compaixão.

A operação ainda ia começar. A infeliz paciente deitada na mesa gritou de dor. Pensaram que seriam obrigados a operá-la sem anestesia.

"Esses animais alemães", eu os amaldiçoei. "Preciso ir até o Barracão 30!"

Virei-me para sair quando vi cobertores em cima da maca.

Doentes envoltos em cobertores não eram raros no campo hospitalar. Foi a solução que encontrei.

Embrulhei-me num cobertor e saí correndo. Encontrei Jacques, o enfermeiro francês, no Barracão 30. Disse que tinha recebido ordem para vir até ele. Jacques subiu na *koia* superior e pegou um pequeno pacote sob a cabeça de um doente.

"Dê isto ao vidraceiro do seu campo!", ele ordenou.

Quando voltei ao barracão cirúrgico, meus companheiros não estavam mais lá. A maca havia sumido. Corri até a entrada do campo. A médica russa estava discutindo com um alemão. Tínhamos ficado no campo dos homens por tempo demais. E eu havia sumido.

Quando a russa me viu chegar com o cobertor na cabeça, ela entendeu. Mas continuou a discutir com o soldado. "Eu lhe disse que alguém havia tirado nossos cobertores e enviei esta prisioneira para trazê-los de volta. O que não consegue entender em relação a isto?", argumentou.

Ela falava apenas um pouco de alemão, porém, talvez isso nos tenha salvado. Ela misturava palavras em russo com palavras em alemão. De alguma forma, o assunto se resolveu. Enquanto corríamos de volta, perguntei-me se Mitrovna me pediria uma explicação sobre onde eu estivera. Ela não fez nenhuma pergunta.

Quando chegamos ao campo, descobri que o vidraceiro tinha ido embora! Mas, no dia seguinte, Jacques enviou outra pessoa, e eu finalmente me livrei do pacote de explosivos que complicara a minha vida.

Fiquei me perguntando o que a dra. Mitrovna de fato pensou sobre o que havia acontecido. Ela poderia ter dito ao soldado que eu deixara o grupo sem permissão e ter lavado as mãos em relação ao assunto. Em vez disso, esperou por mim. Ao perceber que estavam faltando cobertores na maca, achou que seria uma boa desculpa e me salvou. Ela, de fato, era uma boa companheira.

Lembro-me de ter visto várias vezes o mesmo trabalhador que me trazia os pacotes discutindo muito com ela. Posso presumir por isso que ela também fizesse parte da Resistência dentro do campo. Essa mulher viva e silente deveria saber que eu também era um membro da Resistência. Talvez por isso não tenha protestado quando saí da cirurgia no Campo F e tenha me salvado do soldado alemão. Conhecíamos poucos membros da Resistência, porque, se fôssemos descobertos, era mais seguro. A dra. Mitrovna não devia pertencer, de fato, à Resistência. Mas havia algo digno em seu caráter que me fez acreditar que ela estaria conosco – em tudo.

* * *

Por volta das 03h da tarde no dia 7 de outubro de 1944, uma tremenda explosão abalou o campo. Os internos se entreolharam estupefatos. Uma imensa coluna de fogo subiu de onde ficava o crematório. A notícia se espalhou como rastilho de pólvora. O forno explodira!

Pegos cochilando, os alemães enlouqueceram. Correram em todas as direções, gritando ordens e contraordens. Era óbvio que temiam um levante. Ameaçando-nos com as armas, fizeram-nos voltar ao nosso barracão.

Mas o que de fato aconteceu? Aproveitei a relativa impunidade que minha blusa de enfermeira me assegurava e deixei o hospital para me esgueirar até as cozinhas. Elas ficavam a cerca de dez metros da entrada do campo, de frente ao caminho que levava aos crematórios. Era um excelente posto de observação.

Vários destacamentos já estavam vindo em direção ao campo, alguns em caminhões, outros em motocicletas. Então, a infantaria da Wehrmacht chegou, seguida por caminhões carregados com munições. Os soldados cercaram o crematório e abriram fogo com metralhadoras. Estremeci. Alguns tiros de revólver responderam. Seria uma rebelião? Mais alguns tiros de metralhadora, e a Wehrmacht e a SS invadiram o local.

O grupo da Resistência do *Sonderkommando*, os escravos das câmaras de gás, fez um plano para explodir os fornos. Através de membros do grupo Pasche, conseguiram uma quantidade de explosivos suficiente para levar adiante a ideia. Mas várias coisas deram errado, e a explosão destruiu apenas um dos quatro prédios.

A revolta fora organizada por um jovem judeu francês chamado David. Sabendo que seria condenado à morte, uma vez que todos os membros do *Sonderkommando* eram exterminados a cada três ou quatro meses, decidiu usar o pouco de tempo de vida que lhe restava. Obteve os explosivos e os escondeu. Mas imprevistos acabaram por frustrar os planos.

Os alemães anteciparam a data da execução do *Sonderkommando*. Um dia, receberam ordens para estarem prontos para o transporte e saírem do crematório. O primeiro grupo, cerca de cem homens, obedeceu. Mas o segundo grupo protestou. A atitude desses *Sonderkommando*, a maioria robusta, tornou-se ameaçadora. Os poucos SS ficaram tão surpresos que prudentemente se retiraram para receber ordens e reforços. Quando retornaram, um forno que, no meio-tempo, foi enchido com explosivos e encharcado com gasolina explodiu. Os rebeldes não tiveram tempo de explodir os outros três. No entanto, o *Sonderkommando* do quarto forno aproveitou a bagunça, cortou o arame farpado e conseguiu fugir do campo. Alguns deles foram alcançados, mas o restante escapou.

Na luta que se seguiu, o *Sonderkommando* resistiu ferozmente. Estavam munidos apenas com paus, pedras e alguns revólveres para revidar contra os assassinos treinados e armados com pistolas automáticas. Quatrocentos e trinta foram capturados com vida, incluindo David, seu líder, que recebera ferimentos fatais.

A retaliação foi terrível. Os SS obrigaram os prisioneiros a ficar de joelhos. Dois ou três SS atiraram em cada um na nuca com precisão diabólica. Aqueles que levantavam a cabeça para ver se chegara sua vez recebiam 25 chicotadas antes de serem baleados.

Depois dessa revolta, houve várias represálias dentro do campo. Os espancamentos tornaram-se mais frequentes, assim como as seleções em massa. O dr. Mengele, zangado, usou o revólver para abater vários refugiados que tentaram fugir dele. Seus subordinados seguiam o exemplo. Até a próxima chuva, o chão de terra do campo ficou coberto de sangue.

As várias centenas de *Sonderkommando* que não participaram da rebelião foram baleadas em grupos nas florestas vizinhas. Dessa forma, o dr. Pasche, o médico francês do *Sonderkommando* e membro ativo da Resistência no campo, morreu. Foi ele quem nos forneceu os dados sobre as atividades do *Sonderkommando*. L, que o viu pouco antes de morrer, contou-nos sobre a coragem com que enfrentou a morte que se aproximava.

Fomos desencorajados porque a explosão fracassara? Ficamos com raiva, é claro, mas o fato de ter acontecido era uma prova de que os tempos haviam mudado, até mesmo em Auschwitz-Birkenau.

21

"PARIS FOI LIBERTADA"

Durante o período de descanso dos trabalhadores em 26 de agosto de 1944, um interno francês apareceu na enfermaria. Eu já o tinha visto antes, um homem de olhos escuros e rosto fino, com expressão amarga típica de todos em Birkenau. Ele era o mesmo homem mas, ao mesmo tempo, não era. Eu não conseguia entender seu sorriso malicioso, o brilho no olhar, a satisfação no rosto, a segurança, o modo como estendia a mão para receber o tratamento. Olhei para ele de modo inquisitivo. "O que isso queria dizer?", perguntei-me. "Talvez meus olhos estejam me enganando, mas ele me parece mais alto."

Sua estranha felicidade me incomodou. Os presos eram sempre vencidos pelo desespero, e ali estava alguém que parecia prestes a explodir de alegria.

Pensei que deveria tomar cuidado. "Pobre homem, há algo errado com ele", acreditava. Esses casos não eram raros. Olhei com impaciência para a porta. Ele percebeu minha reação e inclinou a cabeça em minha direção. "Paris foi libertada", ele sussurrou.

Fiquei estática e tão assustada que nem consegui responder. Olhei para ele e me esqueci de lhe ministrar o tratamento.

Eu me recompus e logo entendi a estranha felicidade do francesinho. Eu ainda não conseguia acreditar. Por um momento, pensei: "Talvez esteja realmente louco". Então, eu quis gritar, fazer alguma coisa. Dei uma risada histérica.

Sempre que recebia informações de que os Aliados haviam sofrido algum revés, eu me esforçava para esconder a tristeza e inventava boas notícias, pois o moral dos internos precisava ser mantido alto. Que felicidade poder sussurrar finalmente aos pacientes que os Aliados tinham de fato ocupado Paris.

"Paris foi libertada!"

A primeira paciente para quem contei a notícia foi uma mulher que estava com os pés inchados. Ela ouviu, arregalou os olhos, admirada, e tirou os pés do banquinho. Sem dizer uma palavra, começou a chorar. Choramos juntas. A notícia era maravilhosa demais para ser recebida sem uma demonstração da mais profunda alegria.

Com que rapidez a notícia se espalhou! Nos banheiros e nas latrinas, os internos se abraçavam e se beijavam. No hospital, os acamados se erguiam nos cotovelos e sorriam.

Todos acrescentavam algo à notícia original. À noite, imaginávamos toda a Europa libertada pelos "Tommies". Todos os soldados de língua inglesa eram "Tommies" para nós.

Os prisioneiros franceses não falaram com ninguém por vários dias. Ficaram com as cabeças nas nuvens. Na rádio secreta, o grupo Pasche se atreveu a ouvir o discurso do general De Gaulle, em Paris. Soubemos do heroísmo dos parisienses que ergueram barricadas e impediram os alemães de destruir as belezas desse lindo coração da França.

Sentíamo-nos exultantes e, durante a chamada, piscávamos um olho para expressar nosso sinal de alegria. Todos sabiam o que a piscadela significava.

A reação alemã veio imediatamente. A sopa tornou-se pior do que antes, como se fosse possível. Um polonês e três franceses foram enforcados por disseminar "notícias falsas". Eles atiraram no "czar", um engenheiro russo, que, apesar do apelido, era um comunista fanático. Outros milhares sem nome foram exterminados nas câmaras de gás na véspera da grande vitória aliada.

Após a libertação da cidade luz, nossa imaginação alçou voo, e começamos a traçar planos mirabolantes. À noite, discutimos como deveríamos receber os Aliados. Aviões surgiriam de repente sobre Auschwitz e os paraquedistas cairiam. No grande dia, olharíamos para o céu e veríamos paraquedas americanos, britânicos e russos em vez das cinzas dos fornos crematórios. Nossos opressores alemães ficariam aterrorizados! Eles se ajoelhariam diante de nós e implorariam por misericórdia. Saudaríamos nossos libertadores com beijos. Não nos ocorreu que estávamos sujas e esfarrapadas, e nossos beijos estavam longe de ser desejáveis. De qualquer forma, decidimos que faríamos lindos vestidos com a sedados paraquedas.

* * *

"Todos os internos que têm parentes na América serão trocados por prisioneiros de guerra alemães. Esses internos devem fornecer nomes e endereços de seus parentes americanos e todos os dados pessoais, incluindo antigos endereços, datas de nascimento etc." Essa ordem causou uma nova emoção entre os internos do campo. Cada prisioneiro se atormentava dia e noite tentando lembrar o nome de algum parente distante na América. Alguns até choravam, por não conseguir lembrar o nome de uma prima; outros por não terem mantido contato com seus parentes no exterior.

Muitos internos tinham os nomes necessários, e uma longa lista foi compilada. Muitos já planejavam passar o Natal na América, se tudo corresse bem. Tínhamos sido enganados tantas vezes pelos alemães e ainda estávamos prontos para acreditar neles de novo. Pensei no incidente dos cartões-postais mortais. Mas até as *blocovas* não sabiam em quem deveriam acreditar dessa vez.

Algumas semanas depois, os "americanos", como nós já os chamávamos, foram reunidos pelos alemães. Receberam roupas novas e foram levados para a estação de trem. Esperaram muito tempo antes que os vagões de carga estivessem prontos, mas entraram alegremente.

A notícia se espalhou por todo o campo: "Os americanos estão saindo!". Corremos para a extremidade do campo para vê-los partir.

Os alemães até deram casacos para os "americanos". Os viajantes acenavam para nos mostrar que alguns tinham luvas. Outros levantavam os pés para mostrarem os sapatos. O mais surpreendente foi os alemães não nos enxotarem da estação.

"Que maravilhoso ser um desses 'americanos'", suspirávamos enquanto nos arrastávamos de volta para o barracão. Sentíamo-nos abatidas e cheias de inveja. Pela primeira vez, não incomodamos a *Stubendienst* quando ela veio distribuir a comida. A *blocova* ficou espantada ao ver as internas sentadas em silêncio, pensativas, comendo, enquanto sonhavam com a grande oportunidade perdida.

Cerca de duas semanas depois, um membro do grupo Pasche me contou sobre os "americanos". Eles foram conduzidos a outro campo nas vizinhanças. "Para esperar até que tudo esteja pronto para a partida final", disseram a eles.

Evidentemente, algo estava errado, pois toda a situação mudou de repente. As roupas e os sapatos que haviam sido entregues aos "americanos" foram discretamente devolvidos aos armazéns no campo. Os pobres "americanos" tinham sido exterminados.

* * *

Alguns dias depois da partida dos "americanos", soube que um deles estava entre os deportados do Barracão 28. Tive notícias por intermédio de um trabalhador que atendia o nosso campo.

Era o dr. Albert Wenger, advogado, especializado em economia. Estava em Viena quando Hitler declarou guerra. O cônsul suíço tentara mandá-lo de volta aos Estados Unidos através da Suíça. Mas não permitiram, pois o infeliz Wenger cometera o grave "crime" de ter abrigado uma judia. Foi preso e enviado para Auschwitz-Birkenau.

Tentei entrar em contato com ele, como fizera com outros americanos ali, mas não obtive sucesso.

Após a libertação, li uma declaração oficial que fez aos representantes dos exércitos libertadores. Incluo uma parte para mostrar ao povo americano como seus cidadãos foram tratados na Alemanha:

> Depois de Hitler ter declarado guerra aos Estados Unidos, eu tinha que ir até o Comissariado duas vezes por semana como inimigo estrangeiro. O cônsul suíço propôs me trocar e me mandar de volta para os Estados Unidos. Apesar disso, fui preso em 24 de fevereiro

de 1943, pela Gestapo, por ter abrigado uma judia sem tê-la declarado. Fui levado, como deportado, para o campo de concentração de Auschwitz. Cheguei ali em 6 de março, sujo e faminto, depois de passar muito tempo em vários campos de polícia e prisões.

Fazia frio e estava muito úmido, e como boas-vindas fui colocado em um beco entre dois barracões, nu, após receber uma ducha de água fria. Depois, fui vestido com um terno de verão fino e mandado para um barracão de quarentena. Ali os homens eram assediados e espancados a toda hora. Não sabíamos quando o acesso às latrinas seria liberado, e se fôssemos apanhados, nos espancavam com cassetetes de borracha.

Tínhamos que dormir – quatro de nós – em uma cama de 75 centímetros de largura. Nossa vida não passava de tortura durante o dia, e também à noite. Felizmente, adoeci em 23 de março. Fiquei com dor de garganta e tive pneumonia e, no dia 24, fui internado onde ficavam os doentes: o Barracão 28.

Depois de me recuperar, trabalhei, primeiro, como enfermeiro e depois como *Schreiber* (escrevente) e, finalmente, como vigia do barracão. A comida era composta, em grande parte, por água, raízes e batatas podres. Com esse tipo de alimentação, a maioria dos deportados enfraquecia e emagrecia a olhos vistos, transformando-se em *Mussulmen*. Nessas condições, eram admitidos na enfermaria por qualquer tipo de doença, como diarreia, pneumonia etc.

O médico do campo, o dr. Endress, vinha, a cada três semanas, escolher os mais fracos dos *Mussulmen*. No dia seguinte, chegavam os caminhões abertos e os desafortunados eram jogados ali dentro como animais num matadouro, apenas de camisa. Eram mandados para Birkenau para morrer nas câmaras de gás. Depois disso, eram cremados nos fornos.

Afirmo isto desde que me convenci das seguintes questões: 1) seus bens eram enviados de volta a Birkenau no dia seguinte para desinfecção. Nos transportes comuns, quando os que partiam continuavam vivos, as roupas nunca eram devolvidas. Dessa forma, o campo recuperou as roupas íntimas e as outras peças dadas aos deportados. 2) Quanto ao destino dessas pessoas, convenci-me devido às listas que vi nas repartições municipais. Aprendi que no quinto e sexto dias, e muitas vezes até no terceiro dia, esses nomes e números (dos selecionados) já tinham sido listados como mortos. Em geral, a morte por gás dos deportados debilitados e indesejáveis não era segredo para ninguém, pois muitos deles trabalhavam no crematório, não se calavam e segredavam isso uma vez ou outra a outros deportados. Até mesmo o comandante do campo, o *Hauptsturmfuehrer* Hessler, para acabar com o pânico que reinava entre eles, fez um discurso no Barracão 28 do campo central de Auschwitz, para tranquilizar os prisioneiros judeus, dizendo-lhes que não haveria mais mortes por gás. Isso aconteceu em janeiro de 1945, e confirma a veracidade das minhas declarações.

Até abril de 1943, não fazia diferença quem fosse morto com gás. Após essa data, somente os judeus e os ciganos eram mortos dessa maneira. Os indesejáveis não judeus eram abatidos no Barracão 11, ou assassinados com uma injeção de fenol direto no coração. Essas injeções de fenol eram aplicadas, no início, pelo *Oberscharfuehrer* Klaehr, depois pelo *Oberscharfuehrer* Scheipe, pelo *Unterscharfuehrer* Hantel, pelo *Unterscharfuehrer* Nidowitzky (também chamado Napoleão) e por dois detentos, Rausnik e Stessel, que saíam com um transporte.

Entre os deportados, mortos com gás, estava também o "deportado protegido" (*Schutzhaftling*) Joseph Iratz, de Viena. (Provavelmente por erro, pois os deportados protegidos não deveriam ser mortos com gás, de acordo com as regras.)

Do meu transporte (250, deportados protegidos, ao todo), quatro foram envenenados com gás. Em janeiro de 1944, o cidadão americano Herbert Kohn, que estava muito fraco, foi morto com gás. Consegui salvá-lo de algumas seleções anteriores, mas ele mudou de barracão e não pude evitar o seu destino. Kohn foi preso pela Gestapo na França durante um ataque, e foi mandado para Auschwitz como judeu. Outro cidadão americano, Myers, de Nova York, foi asfixiado com gás. Ele era de outro barracão.

Eu poderia enumerar muitos casos semelhantes, mas, infelizmente, não consigo me lembrar dos nomes.

No outono de 1943, o prisioneiro protegido alemão Willi Kritsch, arquiteto de 28 anos, foi espancado com um bastão pelo *Unterscharfuehrer* Nidowitzky em um de seus ataques de sadismo, até Kritsch cair no chão. Como Kritsch ainda estava vivo, Nidowitzky ordenou que ele fosse enviado à sala de cirurgia, onde ele (Nidowitzky) lhe aplicou uma injeção de fenol. Declaração como *causa mortis* insuficiência cardíaca!

A cada dois ou três meses, tiroteios em massa ocorriam contra o muro negro do Barracão 11. Durante as execuções, o barracão ficava fechado, e somente o pessoal do hospital poderia passar em frente. Eu mesmo vi, no final de 1943 ou início de 1944, como os enfermeiros jogavam os cadáveres nus em um grande caminhão. Eram corpos de homens e mulheres, jovens e saudáveis. Depois que o primeiro caminhão foi carregado, chegou um segundo, e o jogo continuou dessa maneira: um rio de sangue corria dos barracões 10 e 11. Os internos do barracão de desinfecção e do prédio dos enfermos respingaram seu sangue sobre areia e cinzas.

Em outubro de 1944, o conselheiro comercial de Viena, Berthold Storfer, foi chamado ao Barracão 11 e nunca mais retornou. Poucos dias depois, soube de seu destino pelo principal funcionário do escritório. Ele me mostrou a indicação "morte" no cartão pessoal de Storfer. Da mesma forma, morreu o dr. Samuel, de Colônia. Ambos foram mortos, provavelmente, porque tinham visto e sabiam demais. Em novembro de 1943, o dr. Ritter von Burse acusou o condutor de locomotiva austríaco Joseph Rittner, o dr. Arwin Valentin de Berlim, o cirurgião dr. Masur, o veterinário de Berlim e eu de sermos contra o Reich alemão, e de termos chamado os SS de "bando de assassinos", e Hitler e Himmler de "assassinos em massa".

Também deveríamos ter dito que a Alemanha estava muito perto de perder a guerra. Devemos agradecer ao advogado Wolkinsky por não terem nos matado a tiros. Ele apresentou

Burse como um aventureiro e enfraqueceu a acusação. Para me fazer confessar, o SS *Unterscharfuehrer* Laehmann me espancou.

Pouco antes da nossa libertação pelo Exército Vermelho, o novo SS *Hauptsturmfuehrer* Krause, sem qualquer razão, bateu em dois deportados que trabalhavam na cozinha. Um deles era o médico holandês dr. Ackermann. Em 25 de janeiro de 1945, a polícia da SS tentou novamente nos obrigar a sair do campo para seremos exterminados. Apenas o rápido avanço do vitorioso Exército Vermelho nos permitiu continuar vivos.

22

EXPERIÊNCIAS CIENTÍFICAS

Enquanto eu trabalhava nos hospitais do Campo FKL e Campo E, tive que cuidar de muitas cobaias humanas, vítimas dos experimentos "científicos" realizados em Auschwitz-Birkenau. Os médicos alemães tinham centenas de milhares de escravos à disposição. Como podiam fazer o que queriam, decidiram realizar testes com essas pessoas. Era uma oportunidade que homens e mulheres decentes teriam desprezado, mas que o contingente médico nazista glorificava.

Fizeram experimentos e obrigaram muitos médicos deportados a trabalhar sob a supervisão de profissionais da SS. Os homens que tinham de fazer essas horríveis experiências podiam até ser capazes de desculpar a si mesmos por acreditar que serviam à ciência e que o sofrimento dos infelizes usados como cobaias pouparia, enfim, outros internos do mesmo calvário.

Mas não havia benefício científico. Os seres humanos eram sacrificados às centenas de milhares, e isso era tudo. Assim, os médicos deportados que trabalhavam algemados, e que terminaram sendo levados para os fornos crematórios, sabotavam as "experiências" o máximo que podiam. A desordem e a falta de método eram evidentes nesses "experimentos científicos", que não passavam de jogos cruéis em vez de buscas sérias pela verdade. Todos conhecem crianças desalmadas que se divertem arrancando pernas e asas de insetos. Porém, aqui havia uma diferença: os insetos eram seres humanos.

Um dos testes mais comuns, e também um dos mais inúteis, foi a inoculação de um grupo de internos com um vírus de determinada doença. Nesse ínterim, os médicos alemães perdiam o interesse pela pesquisa. E as cobaias, quando tinham sorte, eram mandadas para o hospital; quando não, eram mandadas para a câmara de gás. Apenas em casos excepcionais ficavam em observação.

Muitas vezes, os experimentos eram absolutamente absurdos. Um médico alemão teve a ideia de estudar quanto tempo um ser humano sobreviveria apenas ingerindo água salgada. Outro submergiu suas cobaias em água gelada e alegou poder observar o efeito do banho de acordo com a temperatura interna do corpo. Depois de passar por esses experimentos, os internos não precisavam mais de hospital, estariam prontos para seguir para a câmara de gás. Um dia, várias enfermeiras passaram pela enfermaria e perguntaram: "Quem não está conseguindo dormir?". Cerca de vinte detentas aceitaram uma dose de um pó branco não identificado, que podia ser à base de morfina. No dia seguinte, dez delas estavam mortas. Os mesmos testes foram realizados entre mulheres mais velhas, e mais setenta morreram numa mesma noite.

Enquanto procuravam novos tratamentos para as feridas causadas por bombas de fósforo dos EUA, os alemães queimaram cinquenta russos nas costas com essa substância química. Esses homens que eram vistos como "controles" não receberam nenhuma medicação. Os que sobreviveram foram exterminados.

Um dos experimentos favoritos dos SS era feito em mulheres recém-chegadas ao campo, cuja menstruação ainda estivesse normal. Durante esse período, diziam-lhes mais ou menos isto, com frieza: "Você será morta a tiros daqui a dois dias". Os alemães queriam saber qual efeito a notícia teria sobre o fluxo menstrual. Um professor de histologia de Berlim chegou a publicar um artigo em um periódico científico alemão a respeito de sua observação sobre a hemorragia provocada em mulheres depois de terem recebido más notícias.

O dr. Mengele tinha dois estudos favoritos: gêmeos e anões. Desde as primeiras seleções, os gêmeos de cada comboio eram separados, se possível junto com as mães. Então, eram enviados para o Campo FKL. Sem importar-se com idade e sexo, Mengele se interessava profundamente por gêmeos. Eles recebiam favores e eram autorizados até mesmo a manter suas roupas e o cabelo sem raspar. Ele ia tão longe em sua afabilidade por gêmeos que, quando estavam exterminando o Campo Tcheco, deu ordens para poupar uma dezena de gêmeos.

Na chegada, os gêmeos eram fotografados de todos os ângulos possíveis. Então, os experimentos começavam, mas eram desconcertantemente infantis por natureza. Um gêmeo era inoculado com certas substâncias químicas, por exemplo, e o médico deveria observar suas reações, caso não esquecesse de anotar. Mesmo quando o médico seguia em frente, e fazia seu trabalho a contento, não havia nenhum ganho para a ciência, pela simples razão de o produto injetado não oferecer interesse em especial. Certa vez usaram um preparado que deveria causar uma alteração na pigmentação dos cabelos. Muitos dias foram perdidos até que se pudesse examinar o cabelo em um microscópio. Os resultados não mostraram nada de excepcional, e os experimentos acabaram por caducar.

Uma das maiores paixões do dr. Mengele, os anões eram "colecionados" com cuidado. No dia em que descobriu uma família de cinco anões em um dos transportes, ficou fora de si de alegria. Ele tinha manias de um colecionador, não de um sábio. Suas experiências e observações eram realizadas de modo anormal. Quando fazia transfusões, usava propositalmente tipos sanguíneos incompatíveis. Claro que surgiam complicações em seguida. Mas Mengele não tinha ninguém a quem prestar contas, senão a si mesmo. Fazia tudo o que lhe aprazia, e conduzia seus experimentos como um amador insano.

Uma estação experimental instalada a pouca distância do campo parecia desenvolver caráter mais científico. Mas era só à primeira vista. Ali se podia constatar que o "trabalho" era apenas um desperdício criminoso de material humano e uma falta total de escrúpulos por parte dos pesquisadores. Os experimentos destinavam-se teoricamente a reunir informações para a Wehrmacht. Na maioria das vezes, eram testes de resistência humana, ao frio, ao calor, ou a grandes altitudes. Centenas de internos morreram ao longo dessas experiências na estação de Auschwitz, bem como em outros campos. Ao preço da vida de milhares de vítimas, a ciência alemã concluiu que um ser humano pode sobreviver a uma temperatura predeterminada em água gelada por apenas algumas horas. Também se estabeleceu com precisão (!) quanto tempo levava para alguém morrer escaldado em água quente em diferentes temperaturas.

Mencionei experimentos para determinar a resistência do organismo humano à fome. Os *Mussulmen*, especialmente os mais emaciados, eram forçados a ingerir quantidades inacreditáveis de sopa. Esses experimentos eram fatais. Soube-se de alguns casos em que os deportados, padecendo de fome, ofereceram-se para essa alimentação forçada. O filho do primeiro-ministro M. estava tão faminto que se ofereceu como cobaia para testes de malária. As cobaias receberam rações duplas de pão por alguns dias.

Os experimentos foram mais longe e chegaram aos diagnósticos. Pacientes que se encaixavam em casos interessantes eram simplesmente retirados do hospital e assassinados para que se pudesse fazer autópsia! Quando vários deles apresentavam a mesma doença, recebiam tratamentos diferentes e, após determinada fase, eram mortos, para que fossem retiradas conclusões de cada experimento. Na maior parte das vezes, um paciente era assassinado e ninguém pensava em examinar seu corpo – havia mortos demais em Auschwitz.

A empresa alemã Bayer enviou medicamentos em frascos sem rótulos que indicassem o conteúdo. Pessoas que sofriam de tuberculose receberam injeções desse produto. Elas não foram mandadas para a câmara de gás. Seus supervisores esperaram que morressem e de fato morreram rapidamente. Depois, partes de seus pulmões foram enviadas a um laboratório determinado pela Bayer.

Certa vez, a Bayer trouxe 150 mulheres da administração do campo e aplicou nelas remédios desconhecidos – talvez fossem testes hormonais.

O Instituto Weigel, da Cracóvia, enviou vacinas para o campo, que também tiveram de passar por testes e ser "melhoradas". As vítimas foram escolhidas entre os presos políticos franceses, especialmente os membros da Resistência de quem os alemães queriam se livrar.

Aproximadamente 2 mil preparados orgânicos foram despachados para a Universidade de Innsbruck. De acordo com as instruções, tinham que ser feitos a partir de cadáveres absolutamente saudáveis, pessoas que tivessem sido mortas com gás, enforcadas ou baleadas enquanto desfrutavam de boa saúde!

Um dia, um grande número de mulheres, principalmente polonesas, foi usado para experimentos de vivisseção, como enxertos de ossos e músculos. Cirurgiões alemães chegaram de Berlim para fazer os testes e acompanhar o resultado. As vivisseções foram realizadas sob condições terríveis. A vítima era amarrada à mesa de cirurgia no barracão de origem, e a operação era feita sem assepsia. Mesmo após as operações, as cobaias humanas sofriam terrivelmente. Não recebiam nada que pudesse aliviar suas dores.

Para fortalecer a ciência racial, os alemães colhiam tubos de sangue dos internos com regularidade. Esse material, 500cc de sangue retirados de cada "voluntário", era enviado imediatamente ao Exército e usado para transfusões em alemães feridos. Para salvar as vidas dos soldados da Wehrmacht, os alemães esqueciam que o sangue judeu era de "qualidade inferior".

As "injeções no coração", como os detentos chamavam as injeções intracardíacas de fenol, às vezes eram produzidas com benzeno ou petróleo. Esse método era usado nos hospitais para matar os doentes, os fracos e os "supérfluos". Conversei com um médico polonês que fora forçado a aplicar essas injeções em seus detentos por dois dias.

"Quando o médico da SS me chamou para ir ao hospital", ele me disse, "eu não sabia do que se tratava. Disse-me que eu deveria injetar o líquido assim que a agulha entrasse na cavidade cardíaca."

O médico polonês seguiu as ordens, os pacientes caíram mortos.

Em outro experimento estapafúrdio, colocaram centenas de doentes sob um sol escaldante. Os alemães queriam saber quanto tempo levava para um doente morrer debaixo do sol sem água.

A 20 quilômetros do nosso campo havia uma estação experimental especializada em inseminação artificial. Para lá foram enviados os médicos internos mais bem-dotados e as mais belas mulheres. Os alemães davam grande importância a esses testes. Infelizmente, não pude acompanhar o que aconteceu ali, pois a estação era a mais bem guardada de todas.

Os alemães faziam inseminação artificial em várias mulheres, mas não obtiveram grandes resultados. Conheci mulheres que foram submetidas ao processo e sobreviveram, embora tivessem vergonha de admitir.

Outro grupo recebeu injeções de hormônios sexuais. Não foi possível determinar a natureza da substância injetada nem os resultados colhidos pelos alemães. Após essas injeções, muitas tiveram abcessos que precisaram ser lancetados no Barracão 10.

Estou bem-informada, porém, sobre os experimentos de esterilização. Ocorreram em Auschwitz-Birkenau sob a direção de um médico polonês, executado pelos alemães poucos dias antes de o campo ser evacuado.

As experiências tentavam comparar os resultados dos métodos cirúrgicos e dos tratamentos com raios X. No hospital, vimos muitas doentes que vieram da estação experimental. Elas apresentavam graves queimaduras causadas pela aplicação malfeita de raios X. Através delas e dos médicos deportados, soubemos que o paciente era colocado sob uma radiação de raios X cada vez mais intensa. De tempos em tempos, interrompiam o tratamento para ver se ele ainda conseguia copular. Tudo ocorria sob os olhos vigilantes do SS no Barracão 21. Quando o médico verificava que os raios X haviam destruído de vez a capacidade genital, o paciente era despachado para a câmara de gás. Por vezes, quando a irradiação demorava muito para produzir os efeitos desejados, a vítima era castrada cirurgicamente.

Em agosto de 1944, os alemães esterilizaram cerca de mil meninos entre 13 e 16 anos. Nomes e datas de esterilização ficavam registrados e, após algumas semanas, os meninos eram levados ao Barracão 21. No laboratório, faziam perguntas sobre o "tratamento" para investigar os resultados: sentiam desejos? Tinham ejaculações noturnas? Sofriam de perda de memória?

Então, os alemães os obrigavam a se masturbar. Provocavam a ereção massageando as glândulas da próstata. Quando o trabalho cansava o "massagista", os "cientistas" alemães usavam um instrumento de metal, que causava grande dor ao paciente.

O esperma era examinado por um bacteriologista que determinava a vitalidade dos espermatozoides. Em 1944, os alemães enviaram um microscópio fosforescente para o campo. Isso lhes permitia verificar a diferença entre os espermatozoides vivos e mortos.

Às vezes, os alemães faziam castrações incompletas, somente um quarto ou metade do testículo era removido. Às vezes, todo o testículo era enviado para Breslau em um tubo esterilizado com formalina (10%) para estudo histopatológico dos tecidos. Essas operações eram feitas com injeções intrarraquidianas de novocaína. Os meninos eram separados dos outros no Barracão 21 e ficavam sob cuidadosa observação. Quando as experiências terminavam, a recompensa era, como de costume, a câmara de gás.

Lembro-me de um caso de um rapaz polonês chamado Gruenwald, de cerca de 20 anos. O professor Klauber ordenou-lhe um tratamento com raios X. Depois de dois meses, os raios X produziram o efeito desejado. Então o jovem foi levado ao Barracão 21 para uma castração completa. Mas os raios X foram aplicados em doses tão elevadas que ele ficou seriamente queimado. A consequência seguinte foi um câncer, que fez o rapaz sofrer terrivelmente. Em janeiro de 1945, ainda estava vivo no hospital de Birkenau.

Os mesmos métodos eram aplicados em mulheres. Às vezes, os alemães usavam raios de ondas curtas que causavam dores insuportáveis na parte inferior do abdômen. Então a barriga da doente era aberta para serem observadas as lesões. Os cirurgiões removiam o útero e os ovários.

O professor Schuman e o dr. Wiurd fizeram muitas experiências desse tipo em meninas de 16 ou 17 anos. Das cinquenta meninas usadas nesse experimento, apenas duas sobreviveram, Bella Schimski e Dora Buyerma, ambas de Salônica. Elas nos contaram que foram colocadas sob raios de ondas curtas, com uma placa sobre o abdômen e outra nas costas. Os raios foram direcionados para os ovários. A dose foi tão grande que as pacientes sofreram graves queimaduras. Depois de dois meses de observação, precisaram passar por uma operação de "controle".

Um grupo de jovens, na maioria holandesas, foi submetido a uma série de experimentos para os quais apenas o autor Klauberg, ginecologista alemão de Katowice, poderia saber a razão. Com a ajuda de um aparelho elétrico, um líquido espesso e esbranquiçado era injetado nos órgãos genitais dessas mulheres. Isso causou uma queimação terrível. A injeção, repetida a cada quatro semanas, era seguida de uma radioscopia.

As mesmas mulheres foram submetidas simultaneamente a outra série de testes por outro médico. Receberam uma injeção no peito. O médico injetava 5cc de soro, cuja natureza eu desconheço, ao ritmo de duas a nove aplicações em cada sessão. O resultado veio em forma de um inchaço doloroso do tamanho de um punho. Certas mulheres receberam mais de uma centena dessas inoculações. Algumas também levaram injeções nas gengivas. Depois de numerosos testes, as mulheres eram declaradas inúteis e mandadas embora.

Certa vez, perguntamos a um interno ariano alemão, ex-assistente social, o motivo de serem feitas esterilização e castração. Antes de seu cativeiro, ele havia atuado na política alemã e conheceu muitas pessoas importantes. Disse que os alemães tinham uma razão geopolítica para esses experimentos. Se pudessem esterilizar todos os povos não alemães que sobrevivessem após a vitória alemã, não haveria perigo de terem novas gerações de povos "inferiores". Ao mesmo tempo, essas populações poderiam servir como trabalhadores por cerca de trinta anos. Depois desse período, a população alemã excedente necessitaria de todo o espaço disponível nesses países, e os "inferiores" morreriam sem descendência.

Quando penso nesses experimentos, não posso deixar de lembrar o drama da pequena francesa Georgette, que morreu no hospital no dia de Natal, em 1944. Ela fora usada como cobaia em testes de esterilização e, quando retornou ao hospital, não era mais uma mulher.

Georgette tinha um noivo polonês que viria visitá-la naquele dia. Mas ela decidiu nunca mais vê-lo. Em vez de admitir sua degradação, preferiu fingir-se de morta.

O noivo veio, mas Georgette ficou imóvel, deitada sob o cobertor, no terceiro nível da *koia*. Como era esse seu desejo, dissemos ao moço que ela havia morrido. Mas ele não tinha vindo visitar Georgette. Foi até a cama de outra jovem, da Cracóvia, para quem trouxe presentes.

Sob a manta, Georgette assistiu a tudo. Com as últimas forças restantes, ergueu-se do leito e se atirou do alto da *koia*. A queda foi fatal.

23

AMOR À SOMBRA DO CREMATÓRIO

A natureza diz que onde houver homens e mulheres juntos haverá amor. Mesmo à sombra do crematório, as emoções não poderiam ser totalmente reprimidas. O amor, ou o que se entendia por amor na atmosfera degradada do campo de extermínio, era apenas uma distorção do que de fato significa para as pessoas normais. A sociedade em Birkenau era tão somente uma distorção de uma sociedade humana normal.

Os super-homens encarregados de nossos destinos procuravam extinguir todos os desejos dos internos. Os boatos dentro do campo afirmavam que certos pós eram misturados à comida para reduzir ou destruir nosso apetite sexual. Para que a SS não ficasse excessivamente empolgada com a presença de jovens e belas prisioneiras que via nuas e em todo grau de exposição, havia bordéis com prostitutas alemãs. Apesar das teorias nazistas sobre poluição racial, ouvimos dizer que diversas prisioneiras atraentes haviam sido recrutadas para esses bordéis. Havia privilégios semelhantes disponíveis para os presos nos campos dos homens. A admissão nos bordéis para os prisioneiros era, naturalmente, considerada um favor excepcional.

As regras e os procedimentos artificiais de nada valiam. A constante tensão nervosa sob a qual vivíamos pouco fez para reprimir nossos desejos. Ao contrário, a angústia mental parecia dar um estímulo a mais.

As relações entre os internos e as internas se caracterizavam pela ausência de convenções sociais. Todos se dirigiram aos outros pelo familiar "tu" e os chamavam pelo primeiro nome. Tal familiaridade não implicava solidariedade, e nem sempre estava inteiramente livre de vulgaridade.

Os únicos homens que conhecemos, além dos guardas da SS e das tropas da Wehrmacht, eram os internos que faziam reparos nas estradas, cavavam valas e realizavam serviços semelhantes em nosso campo. A única vez que nos misturávamos era durante o almoço, no banheiro ou nas latrinas, onde muitos homens faziam as refeições. Normalmente, eram cercados por mulheres de todas as idades que lhes pediam suas migalhas.

As mulheres colocavam-se em volta deles em círculos de três ou quatro, estendendo as mãos como mendigas. As moças bonitas cantavam músicas da moda para chamar atenção. Às vezes, os homens cediam e davam parte de seu almoço. Só então uma mulher poderia comer uma batata, o luxo dos luxos dentro do campo, que normalmente era reservada aos que trabalhavam na cozinha e às *blocovas*.

Raramente era a piedade que fazia os homens compartilharem sua comida já escassa. O alimento era moeda de troca para obterem privilégios sexuais.

Seria desumano condenar as mulheres que tiveram que descer tão baixo por meia casca de pão. A responsabilidade pela degradação dos internos cabia à administração do campo.

A prostituição com todas as suas lamentáveis consequências – doenças venéreas, cafetões etc. – era um fenômeno comum em Birkenau. Muitos dos objetos roubados no "Canadá" eram destinados às mulheres dos homens que se mostraram mais inteligentes nessas trocas.

Porém, nem todo amor ali foi sórdido. Houve casos de afeto e companheirismo sinceros e comoventes. Mesmo onde não havia ternura, uma mulher com um amante gozava de distinção, pois havia poucos homens no campo.

A maioria das mulheres mais jovens conseguia seus flertes. As *blocovas*, que tinham recintos privados nos barracões, saíam em vantagem em relação às outras, e não abriam mão disso. As assistentes da *blocova* agiam como sentinelas enquanto a chefe entretinha seu convidado. Claro que esses encontros eram estritamente proibidos. Quando um SS se aproximava do bloco, as sentinelas soavam o alarme. Muitas vezes acontecia de um encontro ser perturbado três ou quatro vezes, mas os casais não desistiam tão facilmente.

Ocasionalmente, a *blocova* podia, por um preço razoável, arrendar seus aposentos a uma amiga. O preço era alto, pois o risco era grande. Se fosse flagrada com um homem, ou se facilitasse um encontro, a *blocova* enfrentava severas punições. Seu cabelo era raspado novamente, era espancada sem piedade e, o pior de tudo, rebaixada de seu posto superior.

Os padrões de beleza variavam. Em Birkenau, um mundo à parte, a mulher mais cheinha e mais opulenta era considerada melhor em termos de aparência feminina. Os internos masculinos, reduzidos a esqueletos ambulantes, eram repelidos por terem corpos ossudos e caras encovadas. Aquelas mulheres – poucas – que milagrosamente mantinham um pouco de carne eram invejadas pelas outras que, um ano antes, teriam suportado dietas rigorosas para perder peso.

Como em todas as prisões, Birkenau tinha seus pervertidos. Entre as mulheres, havia três categorias. As lésbicas formavam o grupo menos interessante. Mais problemática era a segunda classificação, que incluía mulheres que, devido a condições anormais, sofreram mudanças sexuais. Muitas vezes, cediam por pressão da necessidade.

Havia uma polaca, de 40 anos, que fora professora de física. Seu marido fora morto pelos alemães e seus filhos enviados para algum lugar terrível, talvez tivessem até morrido. Um dos prisioneiros, um funcionário, fez uma corte especial a essa mulher adorável, delicada e inteligente. A professora sabia que, se ela correspondesse, ao menos não passaria fome. Ela deve ter lutado contra a tentação, mas afinal acabou cedendo. Seis semanas depois, referia-se a seu "amigo" com muito entusiasmo. Dois meses mais tarde, declarou que não poderia mais viver sem ele.

Na terceira categoria estavam aquelas que, diferentemente de minha colega polonesa, descobriram suas tendências lésbicas por meio da corrupção. Isso era encorajado pelos "saraus de dança" que, às vezes, eram organizados no mundo monstruoso de Birkenau. Durante as longas noites de inverno de 1944, quando os alemães estavam mais preocupados com os russos que avançavam do que conosco, os detentos davam "festas" que grotescamente parodiavam os assuntos mundanos que conheceram em sua antiga vida. Reuniam-se em torno de uma lata de carvão para cantar e dançar. Uma guitarra e uma gaita da orquestra do campo faziam essas festas se estender até o amanhecer.

Os chefes dos nossos barracões desempenharam um papel proeminente nas questões amorosas. A *Lageraelteste*, a "rainha sem coroa do campo", uma prisioneira do Campo E, onde eu morava agora, estava sempre presente. Era uma jovem frágil, uma alemã de cerca de 30 anos, que conseguiu sobreviver por dez anos, indo de um campo a outro.

Durante essas orgias, os casais que dançavam juntos gradualmente se conectavam um ao outro. Algumas mulheres vestiam trajes masculinos para dar um ar de realidade às festas.

Uma das principais incentivadoras dos saraus era uma condessa polonesa, cujo nome não me lembro. Quando a vi pela primeira vez, estava sentada na porta do nosso hospital. Olhei para ela com surpresa. "O que aquele homem está fazendo neste lugar?", perguntei-me, pois parecia de fato um homem. Estava vestindo um paletó de pintor de veludo preto, como aqueles usados nos bairros boêmios de Paris, e uma gravata-borboleta preta. Até o cabelo tinha um corte curto masculino. Parecia um belo homem de uns 30 anos. Quando perguntei à prisioneira ao meu lado sobre aquela figura, ela me disse: "Este 'homem' não é um homem. É ela!".

Em seu comportamento e maneirismo, a condessa agia como homem. Certa vez, quando tentei descer das *koias*, por estar no "Regime de Controle de Piolhos", houve uma mão cortês me ajudando a descer. Fiquei perplexa. Era a condessa! Com esse gesto galante, deu-me um sinal de cortejo. Eu precisei correr para escapar dela.

Enquanto os outros brincavam durante os bailes, eu costumava dormir no beliche. Em muitas ocasiões, fui acordada com beijos e carícias. Era a condessa! Cheguei ao ponto de ficar com medo de dormir durante as festas. As outras se divertiam com os avanços ardentes dela, mas eu não. Elas esperavam que a condessa encontrasse um novo caso; sua antiga "namorada" fora removida em uma das seleções.

Lamentei por essa mulher infeliz. Ao chegar, estava vestida com roupas masculinas, e os alemães quiseram colocá-la no campo dos homens. Ela argumentou bravamente, tentou provar que era mulher. Para nossos captores, assistir às travessuras dessa "mulher-homem" entre nós foi como ver um espetáculo de circo em que o malabarista equilibra três argolas. É claro que não ousamos reclamar nem protestar. Isso divertia os alemães.

Os saraus sempre me lembravam da "Dança Macabra".[15] Quando pensava no destino que aguardava esses desafortunados, não conseguia deixar de sentir arrepios de horror.

Mas talvez meu desgosto fosse infundado sob tais circunstâncias. As horríveis distrações proporcionavam algumas horas de esquecimento, e isso em si valia quase tudo no campo. As festas eram melhores do que muitas outras coisas que aconteciam por ali. Os prisioneiros, homens ou mulheres, eram maltratados pelos chefes alemães, entre os quais havia uma alta porcentagem de homossexuais e outros pervertidos.

Jamais esquecerei a agonia de uma mãe que me contou ter sido forçada a despir a filha e vê-la ser violentada por cães que os nazistas haviam treinado especialmente para esse esporte. Isso aconteceu com outras jovens. Eram obrigadas a trabalhar nas pedreiras durante 12 a 14 horas por dia. Quando caíam de exaustão, a forma favorita

---

15. "Dança Macabra", do compositor francês Camille Saint-Saëns, foi executada pela primeira vez em 1875. Baseada em um poema de Henri Cazalis sobre uma velha superstição francesa, em que a Morte surge todos os anos, à meia-noite, no Dia das Bruxas (31/10), invocando os mortos de suas tumbas para dançar para ela, ao som de seu violino. Os esqueletos dançam até o amanhecer, quando retornam às sepulturas até o próximo Dia das Bruxas. (N.T.)

de diversão dos soldados era incitar os cães a atacá-las. Quem pode perdoá-los por todos os crimes que cometeram?

Os chefes do campo eram conhecidos por suas aberrações. Grese era bissexual. Minha amiga, que era sua criada, informou-me que Irma Grese mantinha relações homossexuais com prisioneiras e depois mandava suas vítimas para o crematório. Uma de suas favoritas era uma *blocova*, que sobrevivera como escrava de Irma por muito tempo antes de a chefe do campo se cansar dela.

Essa era a atmosfera poluída de Birkenau, um inferno total. Os nazistas pisaram no mais íntimo de todos os direitos pessoais. O amor tornou-se excitação corrompida para os escravos e entretenimento sádico para os supervisores.

Eu temia Irma Grese. Uma vez ofereci minha margarina como suborno para não aparecer na frente dela. Fiz a proposta à costureira de Grese, que se chamava madame Crete, e que havia sido dona de um salão de moda em Viena ou Budapeste.

Madame Crete ficou brava comigo. "Por que você dificulta as coisas?", ela grunhiu. "É a sua vez, e sabe muito bem que é melhor fazer o que lhe for mandado." Com a minha insistência, prometeu falar com a secretária da *blocova* para encontrar outra pessoa para ajudá-la a entregar as roupas de Irma Grese.

De manhã, eu ansiava por aquela rara colher de café de margarina. Senti um enorme desejo de comê-la, mas não queria aparecer na frente de Irma Grese. Levei a margarina à madame Crete. Ela aceitou e a guardou. "Bem, vamos", ela me disse.

Eu tremi. "Você não conseguiu arrumar?"

"Não. Você tem de vir."

"Mas e a minha margarina?"

"Quando voltar, poderá reavê-la. Não poderá levá-la com você, você sabe."

Pegou as roupas bem passadas e colocou-as sobre os meus braços estendidos, e partimos. Tínhamos um passe para deixar a área do campo com esse propósito. Alguns minutos depois, estávamos do lado de fora do barracão, onde o anjo loiro morava.

"Você não veio na melhor hora. A fera enlouqueceu", a criada de Irma Grese sussurrou.

"Meu Deus! Ela vai me bater!", a costureira gemeu.

"Claro que não", eu disse, tentando mostrar força por nós duas. "Dia e noite você costura para ela, e ela só lhe dá uma lasca de pão."

"Você não sabe?", ambas perguntaram em uníssono. "Grese é uma sádica terrível."

Gritos e sons de luta podiam ser ouvidos por trás da porta fechada de Grese.

"Ela está atacada de novo", disse a criada.

Rastejamos até a parede do barracão de madeira. Por uma abertura estreita entre as ripas, podíamos ver apenas parte da sala. À esquerda, alguém gritava. Pelos estalos, alguém estava sendo chicoteado violentamente. Grese xingava com a voz rouca. Só conseguia ver o sofá pela fresta. Mas em outro momento a cena se agitou mais.

Grese caminhou em direção ao sofá, arrastando uma mulher nua pelos cabelos. Ao chegar ao divã, sentou-se, mas não soltou o cabelo da mulher. Levantou o grosso chicote cada vez mais alto, enquanto batia várias vezes nos quadris da mulher. A vítima era forçada a ficar cada vez mais perto. Finalmente, ficou de joelhos diante da torturadora.

"*Komm hier*", gritou Irma em direção a um canto da sala fora do meu ângulo de visão. E então novamente: "Venha cá. Você vem ou não?". Ergueu o chicote outra vez e, num frenesi, chicoteou a mulher a seus pés.

Agora, no espaço visível, surgiu um prisioneiro. Era o belo georgiano. Nós o conhecíamos.

O homem era incrivelmente fantástico. Diz-se que a raça da Geórgia produz os homens mais bonitos, e esse era um exemplar perfeito. Era tão alto que quase batia no teto do barracão. Apesar dos terríveis maus-tratos e da fome, seu peito robusto era de um atleta. Seu rosto estava magro pela privação, mas as feições continuavam atraentes. A história desse belo georgiano passara de boca em boca por todo o campo. Ele fora enviado ao campo das mulheres para consertar a estrada. Ali encontrou a delicada jovem polonesa que agora estava ajoelhada e nua, sob as chicotadas de Irma Grese.

A cena prescindia de explicação. Irma vira esse esplêndido exemplar másculo, o belo georgiano, e, como em um potentado do Oriente, o escolheu para si. Ordenou que ele fosse até o seu quarto. Mas quando o jovem orgulhoso, cujo espírito não fora quebrado pelo cativeiro nem pela reputação aterrorizante de Irma, recusou-se a ceder aos seus desejos, Irma tentou forçá-lo a ser seu escravo, obrigando-o a observar enquanto torturava a garota que ele amava.

Eu sei que o incidente parecerá absurdo e inacreditável para você, leitor. Mas é absolutamente verdade, palavra por palavra. Outros ex-prisioneiros em Auschwitz que estavam em contato com Irma Grese puderam testemunhar o acontecido em todos os detalhes.

Infelizmente (ou graças a Deus!), não pudemos ficar para assistir ao final da cena, pois um soldado se aproximou e tivemos que ir embora. Esperamos ser chamadas à presença da mulher da SS.

A porta se abriu. Primeiro o homem saiu. Jamais esquecerei seus olhos escuros e brilhantes e seu rosto cheio de ódio inexprimível. Então, a polonesa surgiu a nossa frente. Ela estava em um estado deplorável. Marcas vermelhas cobriam sua face e seu peito. A sádica da SS não poupara nem mesmo o rosto da moça.

Irma nos mandou entrar. Ela estava corada e abotoando nervosamente a blusa. Soltou uma gargalhada histérica.

"Vamos experimentar tudo", ela ordenou.

Madame começou a lhe entregar os vestidos; eu estava na sala ao lado segurando as roupas e esperando, aterrorizada que Grese me visse.

Aquela prova foi uma série de cenas arrepiantes. Eu vi a bela besta nua. Ela estava apenas de blusa, mas quando experimentou uma das roupas de baixo, despiu-se completamente sem qualquer constrangimento. Não estávamos diante de uma mulher necessariamente modesta. A blusa que estava experimentando tinha sido adaptada para ela, mas ficara muito justa no busto; com um único movimento, abriu-a e atirou-a na cara da madame. "Que isto esteja pronto amanhã de manhã."

A costureira gaguejou com medo mortal. "Não posso aprontá-la para amanhã de manhã. Eu... eu... não tenho como costurar no escuro." O demônio nu avançou sobre a desastrada modista com um furor raivoso e a agrediu.

Eu mal ousei respirar. Como tal fúria animal poderia habitar um corpo tão belo?

Minutos depois, Irma prosseguiu com a prova como se nada tivesse acontecido. Quando a prova de roupas terminou, espreguiçou-se cansada, bocejou, como se falasse com duas criadas irritantes: "*Heraus mit euch*!" (Saiam!).

Deixamos a loira vestida apenas com sua calcinha de renda. A pele branca realçava o desenho da renda preta. Ela não era magra, mas tinha belas formas, talvez os seios fossem um pouco grandes demais. Tinha pernas pesadas e grossas. Foi a primeira vez que a vi sem as botas da SS. Fiquei feliz em constatar que ela tinha uma imperfeição, justo ela que se orgulhava de sua beleza.

Nunca mais vi o belo georgiano. A bonita fera mandou matá-lo. E o que dizer da garota? A criada de Irma nos contou o que fora feito dela. Grese mandou-a para o bordel de Auschwitz.

24

NO CAMINHÃO DA MORTE

Durante os longos meses em que fui prisioneira, fiz todo o possível para saber notícias do meu marido. Cada vez que um transporte de homens passava pelo nosso campo, corria até o arame farpado com o coração palpitando e examinava cada deportado de uniforme listrado. Talvez Miklos estivesse entre eles! Em meus sonhos, muitas vezes eu o via trabalhando nas minas, em pé com água até os joelhos, ou quebrando pedras. Pelo menos uma centena de vezes tentei mandar mensagens a ele. Mas nunca soube se minhas mensagens chegaram, nunca recebi resposta. Imagine minha alegria quando, ao final de seis meses, soube pela Resistência que ele estava trabalhando no campo de Buna, a aproximadamente 25 quilômetros de distância de onde eu estava. Ele era cirurgião de um hospital, muito melhor equipado do que o nosso. A partir de então, tive apenas um desejo: vê-lo novamente. Mas como eu conseguiria isso?

Depois de descartar milhares de planos, finalmente encontrei uma solução. Nosso campo tinha um bloco para os chamados insanos. Os malucos governantes do campo diziam que, enquanto os normais eram mandados para a morte, os lunáticos eram mantidos vivos. A maioria desses casos era "interessante", portanto, considerado inestimável para os sábios alemães.

Duas ou três vezes por semana, vários dos nossos insanos eram levados para a estação experimental em Buna e depois trazidos de volta para Birkenau. Para transportá-los, eram usadas ambulâncias com uma cruz vermelha: costumávamos chamá-las de caminhões da "morte", por também transportarem as vítimas que seguiam para as câmaras de gás. De cada vez, os insanos eram acompanhados por membros da equipe do hospital. Por que não ir até Buna como enfermeira em uma dessas viagens?

Obviamente, a tentativa era carregada de perigo. Primeiro, eu não tinha nada a ver com o barracão dos doentes mentais. Eles tinham suas próprias enfermeiras, a maioria bastante conhecida das tropas da SS. Eu me arriscaria a ser flagrada se fosse no lugar de uma delas. Além disso, nem sempre os veículos retornavam ao barracão. Uma vez terminados os experimentos, os pacientes eram considerados dispensáveis e mandados para as câmaras de gás. Outro risco era ser levada não como membro da equipe do hospital, mas como uma das insanas.

No entanto, isso importava pouco. Decidi arriscar minha vida. Eu não vinha me arriscando de qualquer modo todos os dias?

Consegui passar uma mensagem ao meu marido, dizendo que ele deveria me esperar no hospital em Buna, um dia desses.

Dessa vez, recebi resposta. Meu marido foi totalmente contra e apontou todos os perigos que eu corria. No entanto, acrescentou que, se eu não mudasse de ideia, deveria ao menos tomar todas as precauções possíveis. O médico-chefe do "barracão dos doentes mentais" poderia ser útil na empreitada.

Depois de muitas tentativas em vão, até tentando passar por louca, consegui um lugar no famoso caminhão da morte.

Dois enfermeiros supervisionavam sete ou oito pacientes. Os três guardas da SS que nos escoltavam trancaram a porta e tomaram seus lugares ao lado do motorista.

Nunca esquecerei a viagem. Animados com essas mudanças, os doentes mentais se agitaram. Discutiam entre si, brigavam e gritavam. Tentamos acalmá-los, sem sucesso. Às vezes, nos abraçavam e nos beijavam; outras, cuspiam em nós e nos insultavam.

O veículo atravessou a cidade de Auschwitz. O que vi através da treliça de vidro dava a impressão de um mundo irreal. Homens livres andavam pelas ruas, entravam em filas, saíam da igreja, entravam em lojas. Donas de casa carregando cestas faziam compras. Crianças brincavam. Não havia *kapos*, nem bastões, nem triângulos nas roupas. Não era possível; eu devia estar sonhando.

O carro continuou a rodar. De tempos em tempos, os guardas da SS espiavam pela janela. A cena entre os lunáticos os divertia muito.

Um dos doentes, um verdadeiro *Mussulman*, masturbava-se sem parar. Duas mulheres se apalpavam e faziam amor no assoalho do carro. Outro, professor de matemática polonês, demonstrava eloquentemente, gesticulando muito, que o problema da guerra poderia ser reduzido a uma única equação com quatro elementos desconhecidos: X, Y, Z e V – Churchill, Roosevelt, Stálin e Hitler. Enquanto isso, os outros loucos gemiam ou gritavam. Se eu tivesse que ficar naquele caminhão por mais tempo, creio que seria a próxima a perder a razão.

E então a ambulância parou. Estávamos no hospital em Buna. Os enfermeiros se ofereceram para nos ajudar a tirar os doentes e levá-los para dentro. Estávamos passando pela seção de cirurgia quando a porta se abriu e dei de cara com meu marido.

Ao me ver, ele empalideceu. Fiquei ali sem falar. Quanto ele havia enfraquecido e envelhecido. Seu rosto estava magro, o cabelo grisalho. Por baixo do jaleco branco de médico, vi as calças riscadas de prisioneiro. Não nos cumprimentamos, pois os soldados não poderiam perceber o que estava acontecendo.

Os pacientes foram levados até uma sala experimental. Lá, sob a vigilância de um médico alemão, receberam injeções de um novo produto que deveria produzir um choque em seu sistema nervoso. As reações foram anotadas com muito cuidado.

Enquanto esses experimentos aconteciam e nossos guardas da SS comiam e bebiam na sala do diretor médico alemão, consegui falar com meu marido. Encontramo-nos em uma sala de cirurgia, em meio a instrumentos de metal que reluziam, com o ar saturado de éter e clorofórmio. Não havia comparação entre o nosso lugar miserável em Birkenau e esse estabelecimento bem-equipado.

Ambos nos sentíamos envergonhados, sem saber o que dizer. Tantas coisas tinham acontecido desde nosso último encontro! Como podíamos falar quando todos os nossos pensamentos estavam enlutados? Em nossos lábios, tínhamos apenas os nomes de nossos filhos e de meus pais, e de nossos muitos amigos que vimos morrer. Mas não pronunciamos nenhum nome.

Ele foi o primeiro a encontrar palavras de coragem. Em poucas frases, sóbrias, contou-me sobre sua vida e a satisfação que sentiu por aliviar o sofrimento de tantos internos. Ele trabalhava na mesa de cirurgia de manhã à noite.

Miklos tentou me consolar. Pediu-me que eu não desistisse, pois tínhamos uma missão a cumprir. Deveríamos viver para servir de prova do que víramos e trabalhar todos os dias até a justiça final. Por último, implorou-me para não arriscar minha vida novamente tentando encontrá-lo em Buna. Acrescentou que essas viagens em breve iriam terminar.

De fato, essa foi a última viagem, como vim a descobrir alguns dias mais tarde.

O tempo passou tão depressa! Os doentes já estavam sendo levados de volta para aquela espécie de ambulância, exaustos por causa dos experimentos. Tive que me juntar a eles.

Quando me dirigia ao caminhão, vi meu marido mais uma vez. Ele estava junto à porta do hospital, com o rosto tenso de angústia. É a última imagem que tenho dele.

Depois soube o que aconteceu. Um prisioneiro francês que fora libertado me escreveu dizendo que Buna havia sido evacuada e os internos mandados para uma longa marcha. Apesar da ordem explícita dos alemães, meu marido se curvou para ajudar um interno francês que desmaiara. Queria injetar um estimulante no pobre homem para mantê-lo acordado. Imediatamente, um guarda da SS disparou e matou os dois.

25

DIANTE DO DESCONHECIDO

Na manhã de 17 de janeiro de 1945, as tropas da SS apareceram no hospital, reuniram todos os instrumentos de qualquer valor e os carregaram em caminhões.

À meia-noite, outros SS chegaram e ordenaram que levássemos os registros dos casos e os gráficos de temperatura para o "departamento político" imediatamente. Em menos de uma hora, os documentos foram reunidos em frente aos escritórios da agência. Foram colocados no chão de terra e formaram uma imensa pilha de papéis. Um guarda da SS prontamente colocou fogo neles!

A *Lageraelteste* convocou o pessoal do hospital e anunciou que a evacuação do campo era iminente. Cada uma de nós deveria juntar seus bens mais indispensáveis e vestir as roupas mais quentes possíveis. De acordo com as notícias que recebera, iríamos para o interior da Alemanha. No entanto, acrescentou sombriamente, era provável que houvesse mudanças de planos. "Eles" poderiam tomar outra decisão em relação aos nossos destinos. De qualquer forma, as doentes deveriam ser abandonadas ali.

Não se pode alimentar muitas ilusões. Os alemães, sem dúvida, planejavam exterminar nossas pacientes, a menos que fossem invadidos pelos russos, que não deviam estar muito longe. Quanto a nós, foram levantadas duas questões: seria mais sensato ficar escondidas em algum lugar no campo e esperar a libertação, ou sair com o restante das prisioneirras e tentar fugir no caminho? Ambas as opções envolviam perigo. Mas a evacuação para o interior da Alemanha significaria a morte ao final.

Notícias da evacuação espalharam-se rapidamente. Uma multidão densa pressionou o arame farpado que separava o campo dos homens do campo das mulheres. Maridos, amantes, amigos davam adeus, sem saber se tornariam a se ver novamente. Todos estavam abalados. Através do arame, gritavam lugares de encontro onde poderiam se rever após a guerra. Era proibido ter lápis para escrever, então deveriam memorizar aquelas preciosas informações!

Os rumores mais bárbaros corriam desenfreados. Alguns davam conta de que todas seríamos mortas na estrada. Outros de que os russos chegariam dentro de poucas horas e que deveríamos esperá-los.

Testemunhamos cenas angustiantes no hospital. As doentes entraram em pânico. Aquelas que ainda tinham forças saltaram dos leitos para pegar suas roupas. Distribuímos as que tínhamos, mas só conseguimos vestir algumas. Seguimos as ordens e continuamos a cuidar de nossas pacientes. Além disso, não sairíamos todas ao mesmo tempo. Algumas, incluindo a médica italiana Marinetti, decidiram ficar a qualquer preço. Outras não tinham forças para empreender uma longa viagem.

Mas as doentes não se resignaram. Aquelas que não tinham roupas enrolaram-se em cobertores. Ninguém tinha sapatos nem meias, mas todas lutavam para repartir alguns pares de tamancos de madeira que os alemães distribuíram – um par para cada vinte pacientes. A intenção era calçá-las quando usassem as latrinas.

Durante aquela manhã, os alemães nos reuniram na *Lagerstrasse* em fileiras de cinco. Fizeram-nos esperar por uma ou duas horas, apesar do frio cortante. Então nos mandaram de volta para os barracões.

À tarde, o novo comandante do campo chegou, escoltado por um grande séquito. Seguiu-se uma seleção severa. Todas as enfermas, e mesmo aquelas que, não oficialmente doentes, pareciam estar em más condições físicas, foram mandadas para seus barracões. Muitas choravam. Outras tentavam entrar nos grupos que estavam saindo.

Mas os SS, sempre impiedosos, perseguiam-nas com pauladas e tiros de revólver.

Enquanto esperávamos, deixei as fileiras para fazer as últimas rondas hospitalares. Ordem e disciplina haviam desaparecido. A maioria das doentes deixara os leitos e se reunira em torno do fogão no meio da sala. Algumas invadiram o quarto da *blocova* e, graças ao estoque de comida que encontraram, faziam *plazki* em uma frigideira.

Tive que retomar o meu lugar nas fileiras, mas apliquei algumas injeções para acalmar aquelas cujo sofrimento atingira um nível insuportável. Eu ainda hesitei. Devo ficar? Devo sair? Alguém me chamou. Uma companheira veio me alertar.

Quando me juntei ao meu grupo, vi uma longa fila começando a marchar no campo dos homens, do outro lado da cerca de arame farpado.

Olhei para a vasta área de Birkenau. Diante dos Campos F, D, C e B-2, havia fogueiras feitas com grandes pilhas de papel. Os alemães estavam destruindo todos os registros de seus crimes. Não queriam que nada caísse nas mãos dos russos.

Alguns minutos depois, uma prisioneira chegou correndo. "Aprontem-se, rápido! Sairemos provavelmente logo depois dos homens."

Os portões se abriram e um destacamento da SS invadiu nosso campo. Dispersamo-nos para pegar nossos embrulhos. De repente, lembrei-me de não ter comida. Se fôssemos viajar por vários dias, morreríamos de inanição.

"Esperem!", gritei para minhas companheiras que corriam em direção ao barracão. "Não podemos sair sem pão. Vamos arrebentar a porta do armazém!"

Eu disse isso com tanta firmeza e autoridade que mal reconheci minha própria voz. Várias companheiras pararam. Repeti meu apelo. Pegamos as picaretas abandonadas pelos deportados e corremos em direção ao armazém.

Passaram dois guardas da SS de bicicleta, mas não prestamos atenção neles. Começamos a derrubar a porta. Logo conseguimos tirar o que queríamos da despensa de pão.

Nesse momento, fomos tomadas por uma ira destrutiva. Estávamos contaminadas pelo nosso sucesso. Tínhamos de fato destruído algo no lugar onde havíamos sido vítimas do desejo de destruição de outras pessoas!

"Destruam o campo!", gritamos em tom meio tresloucado. "Destruam o campo! Viva a liberdade!"

Essa cena foi a realização de muitos dos meus sonhos. Quantas vezes, torturada de fome, disse às minhas companheiras: "E quando os russos se aproximarem, pilharemos os estoques de pão".

"Ah, essa é sua ideia fixa", costumavam me responder, rindo.

Ao pegar provisões suficientes, corri até o barracão e arrumei minhas coisas. Meu embrulho estava pronto; meu cobertor estava enrolado e amarrado nas duas pontas como uma mochila de soldado.

Eu estava muito emocionada. Minhas bochechas pegavam fogo. O inimigo estava pronto para entrar em colapso. Eu ajudara no primeiro movimento em direção à libertação da massa oprimida, degradada e dizimada.

Quase pulávamos em direção à saída do campo. De longe, ouvíamos explosões. Seriam os canhões ressoando?

Trinta soldados estavam nos portões. Antes de nos deixar sair, passaram todo o grupo em revista, uma a uma, com uma lanterna de bolso, para fazer outra seleção. As muito velhas ou fracas eram devolvidas ao campo.

Uma vez do lado de fora, tínhamos que nos alinhar, como sempre, em fileiras de cinco. Começou um novo período de espera. Durou cerca de duas horas, pois o grupo era de 6 mil mulheres.

Então a SS fechou os portões. Uma ordem foi gritada. Nossa fileira estava a caminho. Estávamos saindo de Birkenau ainda vivas!

Depois de andar certa distância, chegamos a uma curva na estrada. Ali olhamos para trás pela última vez para ver Birkenau, onde passamos por duras provações.

Lembrei-me da noite em que, cercada por meus entes mais queridos, eu havia chegado ali. Um oceano de luz banhou o campo. Agora tudo mergulhou na escuridão, e apenas as brasas ardentes, onde os registros dos fornos crematórios estavam sendo incinerados, iluminavam parcamente os barracões, as torres e as cercas de arame farpado.

Pensei nos meus pais, nos meus filhos, em meu marido. O pesar e o remorso que nunca me largaram apertaram meu coração. Ah, meu dever estava claro. Eu devo vingá-los. Por isso preciso reconquistar minha liberdade. Agora eu iria fugir – se pudesse.

Não muito longe começou um barulho estranho. Disseram-nos que um confronto de artilharia estava acontecendo um pouco além da floresta. Então nossos libertadores estavam *dentro do alcance do bombardeio*!

A SS nos apressou, e as luzes se tornaram cada vez mais fracas. Birkenau, o maior matadouro da história da humanidade, foi aos poucos desaparecendo de vista.

26

LIBERDADE

Cercadas pelos guardas da SS, fomos conduzidas pela estrada de Auschwitz. Fazia frio e o vento atravessava nossos trapos como facas. Ouviam-se tiros à distância. O disparo de armas pesadas tornou-se mais alto; as explosões pareciam mais perto e ecoavam com rapidez! O espocar intermitente de foguetes iluminava os céus. Os russos estavam armando um grande ataque. Ficamos mais felizes quando a noite foi entrecortada por luzes. O martelar distante da artilharia foi a melhor música de despedida de Auschwitz.

Eles nos apressavam cada vez mais. Os soldados alemães ficaram alarmados. Faziam-nos correr a ponto de não sentir mais frio, com as roupas encharcadas de suor. Os cães, como se farejassem o perigo para seus donos, estavam violentamente tensos. Arreganhavam os dentes e rosnaram para nós, prontos para atacar qualquer uma que saísse das fileiras.

O campo, que não muito tempo atrás ardia em chamas, desapareceu na escuridão. Algumas horas antes, ansiávamos por essa marcha. Agora, enquanto nos arrastávamos, nos perguntávamos para onde estávamos indo. Que outros atos cruéis os alemães perpetrariam antes de sermos libertadas? Apesar da experiência nos últimos meses, não podíamos antecipar os horrores que nos aguardavam.

Éramos 6 mil mulheres marchando naquela estrada coberta pela neve. A cada dezena de metros, víamos cadáveres com os crânios rachados. Outros grupos de prisioneiras haviam nos precedido.

Concluímos que os guardas da SS haviam se tornado mais brutais do que nunca. Não procuramos saber os motivos; estávamos habituadas a ver assassinatos sem razão perpetrados por esses homens que decaíram como bestas-feras.

No primeiro dia, percebi que várias companheiras de prisão ficavam para trás à beira da estrada e pediam permissão para subir numa carroça puxada a cavalo e conduzida por um soldado alemão que acompanhava o grupo. Eu disse a mim mesma que elas estavam certas. Eu deveria fazer o mesmo e poupar minhas forças. Então observei que, de vez em quando, a carroça desaparecia. Quando voltava, as que estavam sentadas não eram mais as mesmas prisioneiras. O que havia acontecido com as outras? Estremeci.

A tragédia de uma colega médica me fez perceber a terrível realidade. A tcheca dra. Rozsa, já idosa, viu sua vitalidade diminuir rapidamente. Tentei encorajá-la e até ajudá-la, mas ela não conseguia acompanhar e foi ficando cada vez mais para trás na fila. Suas forças começaram a faltar. Ela me pediu para deixá-la no caminho, e que continuasse andando. Insisti em ficar, mas ela não permitiu.

Depois de muito insistir, finalmente me afastei. Pensei que fosse abandoná-la a um destino incerto, mas não à morte certa. De repente, olhei para trás, e vi cinco guardas da SS atrás da fila. O soldado do meio se virou e esticou o braço direito em direção à dra. Rozsa, no meio da estrada. Quando ela percebeu o que aquele gesto do alemão significava, cobriu os olhos em horror. Um estalo agudo ecoou. A dra. Rozsa caiu morta na estrada.

Agora eu sabia qual o destino daquelas que ficassem para trás ou fossem levadas pela carroça. Agora compreendi por que havia 119 cadáveres estendidos na estrada. Contei-os durante uma caminhada de vinte minutos. Mas não contei os corpos nas valas dos dois lados da estrada.

Os guardas da SS carregavam metralhadoras e granadas de mão. Suas ordens eram, em caso de um ataque surpresa russo, matar as 6 mil prisioneiras de uma vez, para que os russos não pudessem libertá-las.

Vi que estávamos de fato marchando para a morte. Mais uma vez a possibilidade de fuga começou a fermentar em minha mente.

Meu cérebro ficou febril. Decidi que eu não deveria ser a única a fugir. Corri até minhas amigas Magda e Lujza e contei-lhes o que tinha visto e o que estava planejando. Elas estavam prontas a me seguir, mas tínhamos que esperar um momento favorável.

Enquanto isso, passamos por várias aldeias polonesas. Nunca poderei expressar o sentimento que a visão da vida civil normal criava em mim. Casas com cortinas nas janelas onde viviam pessoas livres. Uma placa com o nome de um médico indicando o horário do consultório.

Nesse ínterim, muitas colegas internas haviam desistido de seguir em frente. Tentamos ficar nas primeiras fileiras, de modo que, se parássemos por um momento, não ficaríamos para trás.

Nosso grupo de caminhantes passou a primeira noite em um estábulo. Minhas amigas e eu acordamos antes que as outras, porque queríamos ficar no primeiro lugar na fila. Ainda estava escuro. Mal havíamos formado nossa fileira, quando as cinco primeiras à nossa frente, lideradas pelos SS, partiram. Gritaram para que parassem, mas esse grupo dissidente continuou em frente. Como resultado, minha amiga e eu nos vimos na primeira fileira da fila principal. Várias prisioneiras polonesas próximas de nós começaram a brigar. O ambiente se tornou insuportável e aumentou minha determinação de fugir. Chamei minhas companheiras, saí da fileira e corri atrás do grupo dissidente. No entanto, elas andavam muito rapidamente e não conseguimos passá-las.

Nossa situação agora era grave. Tínhamos queimado todas as pontes atrás de nós. Para onde devíamos ir? Não podíamos voltar. Como estava escuro, os soldados não perceberam que tínhamos nos afastado, mas viram nossos vultos correndo e gritavam: "Stehen bleiben!" (Fiquem!).

Durante toda a jornada, exceto por xingamentos e "Stehen bleiben!", ou "Weiter gehen!" (Andem!), não ouvimos nenhuma outra palavra. Essas ordens eram repetidas em coros ensurdecedores por milhares de prisioneiras. Achei que iria enlouquecer de ouvir as mesmas palavras faladas sem cessar. Mas agora as palavras eram pontuadas pelo som dos disparos. Não havia mais coro. Eu posso morrer, mas, dessa vez, eu tenho que fugir.

Lamentei por Magda e Lujza. Elas estavam assustadas, mas continuaram me seguindo. De vez em quando, atirávamo-nos no chão, ou nos agachávamos atrás de montes de neve para nos desviar das saraivadas dos soldados alemães. Felizmente, a aurora ainda não rompera no céu. Por fim, rastejando, chegamos a uma curva na estrada e achamos um esconderijo.

Avistamos a torre de uma igreja. Corremos até ali. Ao chegarmos ao vilarejo polonês, seguimos até a igreja.

Um homem estava na entrada. Pelos nossos andrajos, percebeu que éramos fugitivas, mas apontou para uma casa. Esse gesto significava que deveríamos encontrar refúgio ali.

Nesse meio-tempo, uma patrulha de segurança alemã se aproximou do cemitério da igreja. Quando vimos os soldados, corremos até a casa. Era um prédio razoavelmente grande. Próximo da construção principal, havia um celeiro. A porta estava fechada, mas havia uma estreita abertura na parede – como se a Providência a tivesse colocado ali naquele exato momento. Conseguimos entrar engatinhando. Subimos até o sótão, quase cheio até o teto, e nos escondemos entre o feno. As patrulhas alemãs, que podem ter visto nossos vultos correndo, foram até o pátio. Mas felizmente procuravam por meninos. A dona da casa disse-lhes que não havia estranhos no local, talvez os guardas tivessem visto seus três filhos. Mesmo assim, os alemães buscaram por toda a casa. Em seguida, aproximaram-se do celeiro. Por algum motivo inexplicável, decidiram cancelar a busca, prometendo voltar mais tarde, à noite.

Mal tivemos um momento para comemorar nossa boa sorte quando uma criada subiu até o sótão e nos descobriu. O empregador veio atrás dela. Disse que não informaria aos alemães, porém teríamos que sair. Seguiu-se uma longa conversa e o senhorio cedeu um pouco. Concordou em nos deixar ficar no celeiro até a noite, enquanto procuraria outro esconderijo para nós. Sua esposa, uma mulher muito gentil, trouxe-nos comida. Passara tanto tempo desde que comemos alimentos civilizados que não conseguimos identificá-los. Depois de muito pensar, vi que era apenas pão com banha ou gordura. Apenas pão com gordura, num celeiro – mas entre pessoas livres. Foi o maná no Paraíso.

Bem cedo na manhã seguinte nosso anfitrião nos despertou. Deveríamos segui-lo até o novo esconderijo. No entanto, ele nos advertiu que, se encontrássemos uma patrulha alemã, ele iria nos ignorar e nós teríamos de fingir não conhecê-lo.

Suas palavras de cautela provaram-se úteis. Uma patrulha alemã atravessou nosso caminho. Naquele instante, porém, um rojão, aparentemente do exército russo que se aproximava, irrompeu no ar, e atirou os soldados alemães ao chão. Aproveitamos esse segundo para correr até a casa que seria o próximo refúgio.

O novo hospedeiro nos deixou ficar escondidas no estábulo. No dia seguinte, permitiu-nos ficar no melhor quarto, de dormir.

Ali o velho casal, sua filha e Magda se amontoaram nas camas, enquanto Lujza e eu dormimos no chão. Soldados alemães também estavam alojados ali, pois a zona rural ainda estava ocupada. É claro que não seria prudente sair do quarto.

Uma manhã, quando pensei que os alemães já tivessem ido embora, fui até a cozinha preparar uma fornada de biscoitos da Transilvânia para a família. Eu estava ocupada quando um soldado alemão entrou de repente. Ele me olhou surpreso e começou a me fazer perguntas. Quem eu era e por que não me vira antes? Disse-lhe que eu era uma parente que acabara de chegar para uma visita. Que minha mãe estava doente e acamada em uma das casas da vila e que eu sempre cuidava dela.

Não sei se o soldado acreditou em mim, mas a partir daquele momento obrigou a mim e à família a suportar sua odiada presença. Vez por outra, me trazia chocolates. Certo dia, chegou com amigos e fez que eu me juntasse a eles em seus jogos de salão. Minhas amigas, assistindo a tudo do outro quarto, acompanhavam com consternação, enquanto eu tinha que estar ali com homens que eu odiava e desprezava como os assassinos dos meus entes queridos.

O som dos canhões ficou mais alto. Os russos estavam, sem dúvida, avançando. Os alemães aquartelados receberam ordens de recuar. Vi como e onde tinham plantado as minas e até testemunhei uma explosão precoce que matou dois soldados.

Das minhas conversas com esses homens, percebi que encaravam a situação com preocupação. Mas não estavam dispostos a admitir que tivessem perdido a guerra. Repetiam várias vezes que o Reich era forte demais para não ter uma "vitória final". Não ficamos surpresas de ouvir isso, pois havia um jornal de combate impresso na região que reforçava o moral.

Durante a primeira semana, vimos o combate semanal ainda fazer avanços militares. Na semana seguinte, anunciou-se que a Alemanha estava em perigo, mas que "os heróis alemães viriam salvá-la". Uma semana depois, afirmavam que "a Providência salvaria a Alemanha, porque a Alemanha sempre agia em nome da Providência".

Talvez o destino pretendesse que eu, que sobrevivera a um campo de concentração e aos horrores da evacuação, assistisse ao recuo da Wehrmacht vencida. Jamais esquecerei aquela noite em que os últimos soldados, com seus capuzes brancos, exaustos, chegaram naquela casinha polonesa. Eles se sentaram na melhor sala, na cozinha, em todos os lugares; comendo e bebendo tudo que vissem ou pudessem pegar. A neve derretida pingava de suas toucas brancas. Talvez nunca tenham sido servidos de tão bom grado desde a ascensão do Terceiro Reich como naquela noite. Eles assistiam ao seu próprio fim, e senti uma alegria que nunca sentira antes ao ver aqueles super-homens cansados e curvados sobre seus rifles ou encostados contra as paredes, ou mesmo caídos no chão, dormindo profundamente. Mas minha alegria durou pouco. Porque, ao baterem em retirada, levaram um grande número de mulheres da aldeia, e eu estava entre as cativas. Por três dias, minhas mãos ficaram amarradas a uma carroça e, como escrava, fui obrigada a acompanhá-los.

Foi somente o que vi ao longo da marcha que me salvou de enlouquecer. As estradas estavam lotadas de alemães e colaboradores que fugiam e, depois de anos roubando e saqueando, mal podiam carregar seu butim. Os soldados fugiam em pânico; caminhões carregavam armas e metralhadoras; assustados, cavalos sem montaria saíam em debandada; aldeias inteiras foram expulsas diante de cavalos alemães; caminhões da Cruz Vermelha, tão temidos em Auschwitz, agora transportavam alemães feridos para uma área mais segura. Tudo mostrava o caos. A capitulação poderia acontecer em questão de dias.

Tive um novo pensamento que quase me enlouqueceu. A pequena aldeia polaca que eu acabara de deixar provavelmente fora libertada agora. Comecei a roer as cordas que atavam minhas mãos.

Várias jovens mães e moças amarradas comigo às carroças não suportaram o frio, a fome e o terror da marcha forçada e morreram ao longo do caminho. Os cadáveres não foram desamarrados e continuaram sendo arrastados. Os alemães não prestavam atenção em nada; só queriam fugir da região ameaçada.

Passamos nossa terceira noite novamente em um estábulo. Os alemães se atiraram ao chão. A maioria bebia. Meu captor conseguiu algumas garrafas e também começou a beber. Já era bem tarde quando fui recompensada por ter roído as cordas por três dias, que finalmente caíram dos meus pulsos. Mas minhas gengivas estavam doloridas e sangravam, e meus dentes da frente pareciam ter se quebrado.

Todos estavam num sono profundo, e o ronco cobria todos os outros sons. Tentei sair furtivamente no meio da multidão adormecida, mas o condutor da carroça à qual eu estava presa se ergueu sobre um cotovelo. Estava bêbado, mas lúcido o suficiente para atirar se acreditasse que eu estaria tentando escapar. Mas era a vida dele ou a minha. Peguei uma garrafa que estava por perto e, com todas as minhas forças, acertei a cabeça dele. O vidro se estilhaçou, e o alemão caiu no chão. Na porta do estábulo, olhei para trás, mas ele não se moveu. Eu estava triste de desgosto. Até mesmo o pensamento de matar um odioso nazista me enchia de um sentimento terrível.

A cena do lado de fora na estrada não havia mudado, exceto que talvez houvesse mais soldados alemães em fuga desesperada. Não me atrevi a seguir na direção oposta, pois isso me tornaria suspeita. Tentei seguir as vias secundárias, mas também estavam apinhadas de homens que corriam na mesma direção. Não havia alternativa, senão me esconder entre as casas e tentar ludibriar os soldados.

Parecia que eu estava escondida havia horas quando vi uma mulher. Juntei coragem e falei com ela. Mas os soldados alemães ainda estavam em sua casa e ela não podia me aceitar. No entanto, levou-me até o rio e apontou para uma casa iluminada do outro lado da margem. Se eu nadasse até lá, ficaria segura, ela disse. Os alemães estavam evacuando a aldeia naquele momento.

Era fevereiro. O rio estava cheio de blocos de gelo. E estava amanhecendo. Logo seria perigoso ser vista nadando no rio. Pensei em Auschwitz. Lá eu acreditei que deveria arriscar. Então comecei a descer até a margem. Eu sobrevivera às câmaras de gás; eu sobreviveria ao rio.

Enquanto descia, a boa camponesa se persignou e tapou os olhos com as mãos. Totalmente vestida como eu estava, mergulhei nas águas geladas.

Estava quase amanhecendo quando cheguei na outra margem. A aldeia ainda não fora libertada, mas os alemães estavam recuando, e a casinha iluminada estava vazia. Mais tarde, soube que seus moradores se esconderam nas cavernas, porque a aldeia, no meio da floresta, ficou sob um ataque pesado, com alemães e russos bombardeando a região. Uma batalha aterrorizante se seguiu, mas atingiu o clímax ao anoitecer. Os russos soltaram suas "velas de Stálin" e, durante um minuto, o lugar ficou banhado de luz.

Lá fora eu desfrutava essa cena inesquecível. Estava fascinada e, talvez, com muito medo para correr. Sob bombardeio, as casas desapareceram em poucos instantes. As balas voadoras de ambos os lados criavam uma música estranha. No entanto, eu conseguia distinguir o relincho dos cavalos, o barulho dos motores dos carros em alta velocidade, até mesmo os gritos. Da direita, onde estavam os russos, as vozes soavam mais alto, ao mesmo tempo que os ruídos do lado esquerdo eram reduzidos. O poder alemão realmente diminuía. A Wehrmacht batia em retirada mais uma vez.

O dono da casa, que alegou ter me visto chegando, veio atrás de mim. Ele acreditava que eu tivesse sido morta no bombardeio. Quando os camponeses, ao saírem das cavernas, com as bochechas vermelhas e os olhos cheios de lágrimas, viram-me, pensaram que eu fosse o mal e simplesmente me evitaram. Não tentei explicar o que a vitória sobre os alemães significava para mim.

Na aldeia havia um consenso de que os russos chegariam em três dias. Naquela mesma noite, porém, as tropas de choque russas tomaram o local.

O rosto da pequena aldeia mudou imediatamente. Não muito tempo atrás víamos a Wehrmacht e a SS e ouvíamos as ordens alemãs em todo lugar. Agora ouvíamos uma nova língua, uma língua estranha, e víamos pessoas que nunca tínhamos visto antes, mas elas nos trouxeram o maior presente que a vida pode nos dar – a liberdade!

27

AINDA TENHO FÉ

Quando olho para trás, quero esquecer. Anseio pelo sol, pela paz, pela felicidade. Mas não é fácil apagar as memórias da Geena quando as raízes da vida foram arrancadas e não se tem mais por que viver. Ao estabelecer esse registro pessoal, tentei cumprir o mandato que me foi dado pelas muitas companheiras prisioneiras em Auschwitz, que morreram tão horrivelmente. Este é meu testemunho por elas. Deus dê descanso à suas pobres almas! Nenhum inferno que possa ser concebido se iguala ao que elas suportaram.

Sinceramente, quero que meu trabalho signifique mais que isso. Quero que o mundo leia e decida que nunca, nunca se deve permitir que a desgraça volte a acontecer. Não quero acreditar que depois de ler este relato alguém ainda possa duvidar do que aconteceu. Enquanto escrevo as últimas palavras, rostos surgem à minha frente e, em silêncio, pedem que eu conte as histórias deles. Posso resistir aos homens e às mulheres, mas há os fantasmas dos bebês... os pequenos bonecos de neve...

Em 31 de dezembro de 1944, o Alto-Comando da SS pediu ao campo de Birkenau um relatório sobre as crianças internas. Apesar das primeiras seleções, ainda havia muitas crianças que tinham sido separadas de suas famílias. Os alemães decidiram que elas deviam desaparecer – e que isso tinha que ser feito de forma rápida e barata.

As crianças deveriam ser jogadas num buraco de concreto com gasolina sobre elas e, depois, ateado fogo, como sempre se fez? Não, havia pouca gasolina. E as munições eram necessárias na frente de batalha.

Os alemães, porém, nunca perderam a criatividade. Recebemos ordens de "banhar" as crianças. Em Birkenau, ninguém discutia uma ordem. Cumpria-se, não importava quão revoltante fosse.

Na interminável *Lagerstrasse*, o caminho para o calvário de tantos milhões de mártires, os pequenos prisioneiros iniciaram uma longa procissão. Seus cabelos estavam cortados. Estavam descalços, em farrapos. A neve derretia sob seus pés, a estrada do campo estava coberta de gelo. Algumas crianças caíam. Cada queda fazia soar um chicote cruel.

De repente, começou a nevar novamente. As crianças, com os farrapos salpicados de flocos de neve, cambaleavam em direção à morte. Ficavam em silêncio sob os golpes, silenciosas como pequenos bonecos de neve. Elas se foram, tremendo, incapazes de chorar mais, resignadas, exaustas, aterrorizadas.

O pequeno Thomas Gaston caiu. Seus grandes olhos castanhos, brilhando de febre, pareciam fascinados pelo chicote e seguiam o movimento que fazia no ar. O chicote batia, mas o pequeno Thomas ardia em febre. Ele não tinha mais forças para chorar nem para obedecer. Nós o pegamos e o carregamos nos braços. Ele fora espancado muitas vezes.

Um grito estridente rompeu o silêncio. "Stehen bleiben!" (Parem!), chegamos aos chuveiros.

Nos minutos seguintes, sem sabão nem toalha, tivemos que "banhar" as crianças na água gelada. Não podíamos secá-las. Colocamos os trapos de volta sobre seus pobres corpinhos pingando e as mandamos para as fileiras usuais – para esperar. Esse foi o dispositivo que os engenhosos alemães usaram para "resolver" o problema das crianças, o problema dos inocentes de Birkenau.

Depois que todas as crianças haviam sido "banhadas", fizeram a chamada. Levaram cinco longas horas naquele dia, cinco horas depois de um falso banho de água gelada, enquanto as crianças tinham que ficar em pé, atentas, no frio cortante, na neve.

"O pequeno Menino Jesus virá até você agora!", zombou um soldado alemão para uma criança que esperava com os lábios azulados, totalmente entorpecidos.

Poucas crianças de Birkenau sobreviveram a essa chamada.

Aquelas que conseguiram, caíram sob os golpes dos porcos alemães. E elas eram na maioria "arianas" também, porém polonesas e, portanto, não pertenciam à "raça principal".

Por fim, recebemos ordens de voltar. Ao marcharmos na rua dentro do campo, pás e picaretas pararam por um momento enquanto nossos companheiros prisioneiros, que estavam trabalhando na estrada, observavam. Os SS batiam com seus chicotes. Arrastamos as crianças ainda mais rápido.

"Mãe!", gaguejou o pequeno Thomas Gaston. Seu pequeno corpo, atormentado pela febre, já estava nas garras da morte...

Finalmente, voltamos ao barracão. As crianças sobreviventes ficaram como autômatos, quase mortas de exaustão. E nesse estado foram levadas de volta aos estábulos frios. O pequeno Thomas morreu no caminho, bem como centenas de outras. Nós, que o tínhamos carregado, precisamos colocar seu corpo do lado de fora, atrás dos barracões, de acordo com as regras, embora soubéssemos que ratos enormes e horríveis aguardavam sua carne ainda quente.

Era véspera de Ano-Novo... Grandes flocos de neve caíam... Podíamos ouvir os ratos... Só podíamos fechar os olhos e rezar por justiça. *Justiça*! Véspera de Ano-Novo! Em algum lugar da Terra, além dos arames farpados, homens livres apertavam as mãos e erguiam taças para desejar Feliz Ano-Novo! Em Birkenau, os ratos se refestelavam com a carne das crianças da Europa.

O leitor pode se perguntar: "O que eu, pessoalmente, posso fazer para que coisas terríveis como essas nunca se repitam?". Não sou cientista política nem economista. Sou uma mulher que sofreu, perdeu o marido, os pais, os filhos e os amigos. Sei que o mundo deve compartilhar a culpa de modo coletivo. Os alemães pecaram gravemente, e também outras nações, recusando-se a acreditar e a lutar dia e noite para salvar os miseráveis e desvalidos como fosse possível. Sei que, se as pessoas, em toda parte, resolverem que, daqui para a frente, a justiça deve ser indivisível, e que nenhum outro Hitler ascenderá ao poder novamente, isso ajudará. Todos, cujas mãos estavam direta ou indiretamente manchadas com nosso sangue, devem pagar pelos seus crimes. Menos que isso seria um ultraje contra os milhões de inocentes mortos.

Lembro-me de intermináveis discussões durante o período estudantil em que costumávamos buscar uma resposta para a pergunta: fundamentalmente, o homem é bom ou mau? Em Birkenau, somos tentados a responder que seria inalteravelmente mau. Mas essa era a confirmação da filosofia nazista; que a humanidade é estúpida e má, e precisa ser conduzida sob um porrete. Talvez o maior crime que os "super-homens" cometeram contra nós fosse sua campanha, muitas vezes bem-sucedida, para nos transformar em bestas monstruosas.

Para alcançar tal degradação, empregaram uma disciplina estúpida, brutal e inútil, incríveis humilhações, privações desumanas, constantes ameaças de morte e, por fim, uma promiscuidade aviltante. Toda essa política foi calculada para nos reduzir ao nível moral mais baixo. E podiam se gabar dos resultados: homens que foram amigos a vida inteira acabaram se odiando com total repugnância; irmão lutava contra irmão por um pedaço de pão; homens de integridade antes irrepreensível roubavam tudo que podiam; e muitas vezes era o *kapo* judeu que espancava seu companheiro judeu. Em Birkenau, como na sociedade preconizada pelos filósofos nazistas, prevaleceu a teoria de que "o poder faz o certo". O poder sozinho incute respeito. Os fracos e os velhos não podiam pedir misericórdia.

Cada campo, cada barracão, cada *koia* era uma pequena selva à parte, mas todos estavam sujeitos aos padrões canibalescos. Para alcançar o topo da pirâmide em cada uma dessas selvas, era preciso se tornar uma criatura segundo a imagem dos nazistas, desprovida de quaisquer escrúpulos, especialmente dos sentimentos de amizade, solidariedade e humanidade.

No Egito, os escravos que construíram as pirâmides e morreram trabalhando podiam ao menos ver sua estrutura, o resultado do trabalho de suas mãos, elevando-se cada vez mais alto. Os prisioneiros de Auschwitz-Birkenau, que carregavam pilhas de pedras, apenas para arrastá-las de volta ao mesmo lugar de antes no dia seguinte, só viam uma coisa: a inutilidade revoltante de seus esforços. Os indivíduos mais fracos afundavam cada vez mais em uma existência animal, em que não ousavam sonhar com fartura de comida, mas somente suportar o pior de uma fome que roía suas entranhas. Só pediam que fizesse menos frio, que fossem menos espancados, que tivessem um pouco de palha para forrar as tábuas rústicas de sua *koia* e, vez por outra, beber um copo inteiro de água, mesmo do reservatório poluído do campo. Era necessário ter uma força moral extraordinária para chegar à beira da infâmia nazista e não mergulhar no fosso.

Vi muitos internos se apegarem à sua dignidade até o fim. Os nazistas conseguiram degradá-los fisicamente, mas não rebaixá-los moralmente. Por causa desses poucos, não perdi inteiramente minha fé na humanidade. Se, mesmo na selva de Birkenau, nem todos eram necessariamente desumanos para com seus semelhantes, então existia esperança.

É essa esperança que me mantém viva.

GLOSSÁRIO

Arbeitdienst – interno que designava trabalhos para os *kommandos*
Aussenkommandos – prisioneiros que trabalhavam fora do campo
Bekleidungskammer – armazém de roupas dos prisioneiros
Blocova – chefe do barracão ou bloco
Califactorka – criada pessoal da *blocova*
"*Canadá*" – local de armazenagem dos artigos dos deportados levados para a Alemanha
Esporte – punição para *blocovas*, funcionárias e moças da cozinha
Esskommando – transportadores de alimentos
Fuehrerstube – escritórios da SS
Haeftling – moradores do campo ou internos
Kapo – chefe do *kommando*
Kommando – grupo de trabalho
Lageraelteste – rainha do campo sem coroa
Lagerkapo – assistente da *Lageraelteste*
Lagerstrasse – rua principal do campo
Mussulmen – esqueletos ambulantes
Oberarzt – médico-chefe da SS do campo
"*Organização*" – roubo dos alemães
Politische Buro – escritório político onde eram mantidos documentos e registros dos prisioneiros
Rapportschreiberin – secretário-chefe do campo
Scheisskommando – esquadrão de limpeza de latrinas

Schreiberin – escrevente
Schreibstube – escritórios onde as listas de chamada eram guardadas
Scutzhaeftling – prisioneiros "protegidos"
Sonderbehandlung (S.B.) – designação especial, significando "condenado à morte"
Sonderkommando – grupo de trabalho especial ou trabalhadores dos crematórios
Stubendienst – guarda do campo; também distribuidores de alimentos
Vertreterin – tenente das *blocovas*

Leia também outros livros do selo Crítica sobre o assunto

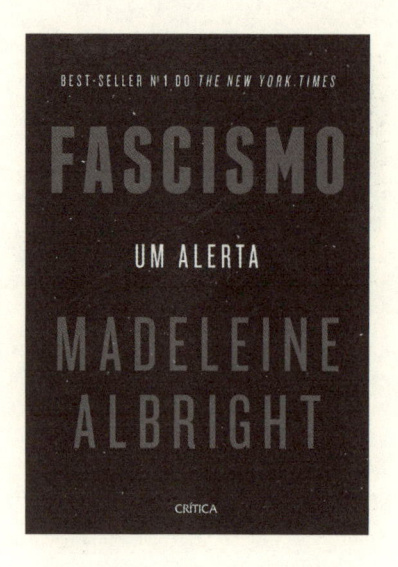

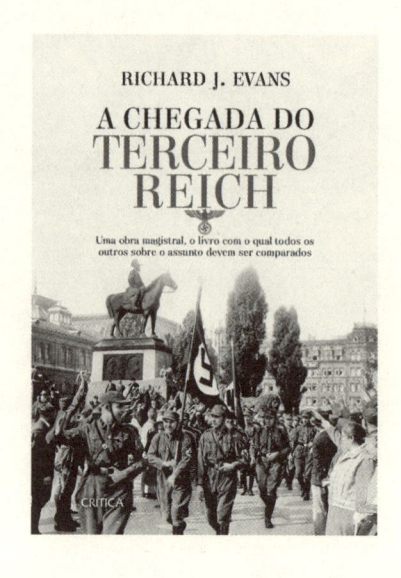

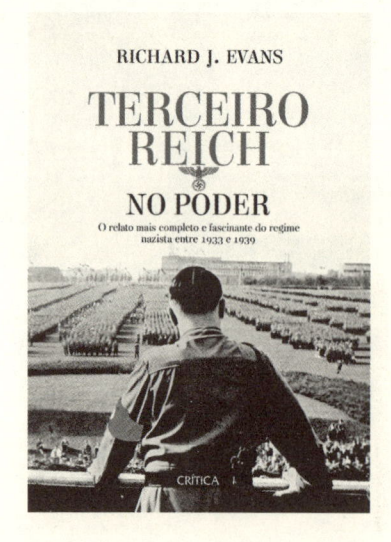

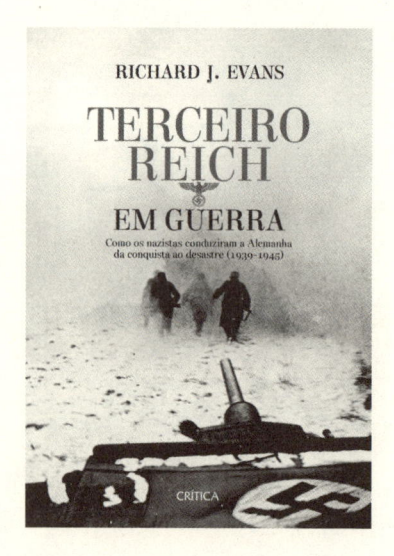

RICHARD J. EVANS
TERCEIRO REICH NA HISTÓRIA E NA MEMÓRIA

Novas perspectivas sobre o nazismo, seu poder político, sua intrincada economia e seus efeitos na Alemanha do pós-guerra

CRÍTICA

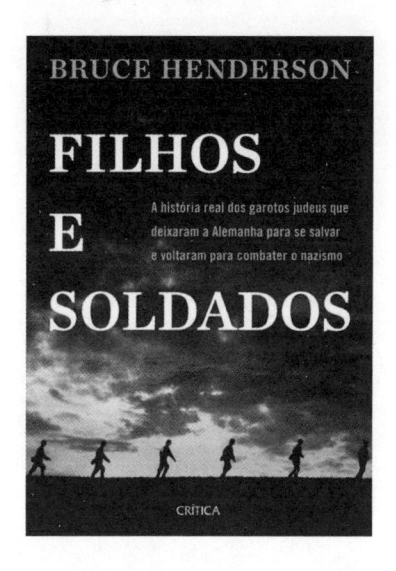

BRUCE HENDERSON
FILHOS E SOLDADOS

A história real dos garotos judeus que deixaram a Alemanha para se salvar e voltaram para combater o nazismo

CRÍTICA

HIGH HITLER

BEST-SELLER NOS ESTADOS UNIDOS, INGLATERRA E ALEMANHA

COMO O USO DE DROGAS PELO *FÜHRER* E PELOS NAZISTAS DITOU O RITMO DO TERCEIRO REICH

NORMAN OHLER
CRÍTICA

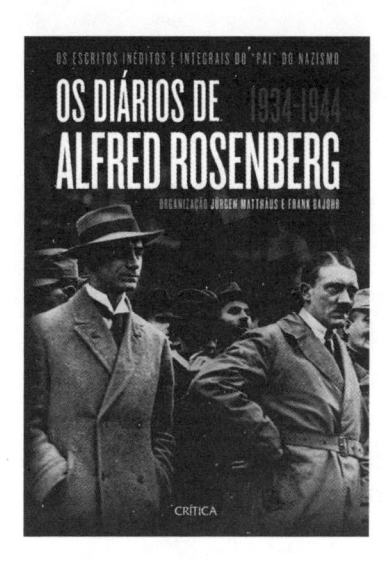

OS DIÁRIOS DE ALFRED ROSENBERG
1934-1944

OS ESCRITOS INÉDITOS E INTEGRAIS DO "PAI" DO NAZISMO

ORGANIZAÇÃO JÜRGEN MATTHÄUS E FRANK BAJOHR

CRÍTICA

**Acreditamos
nos livros**

Este livro foi composto em Adobe Garamond
Pro e impresso pela Gráfica Santa Marta para a
Editora Planeta do Brasil em agosto de 2022.